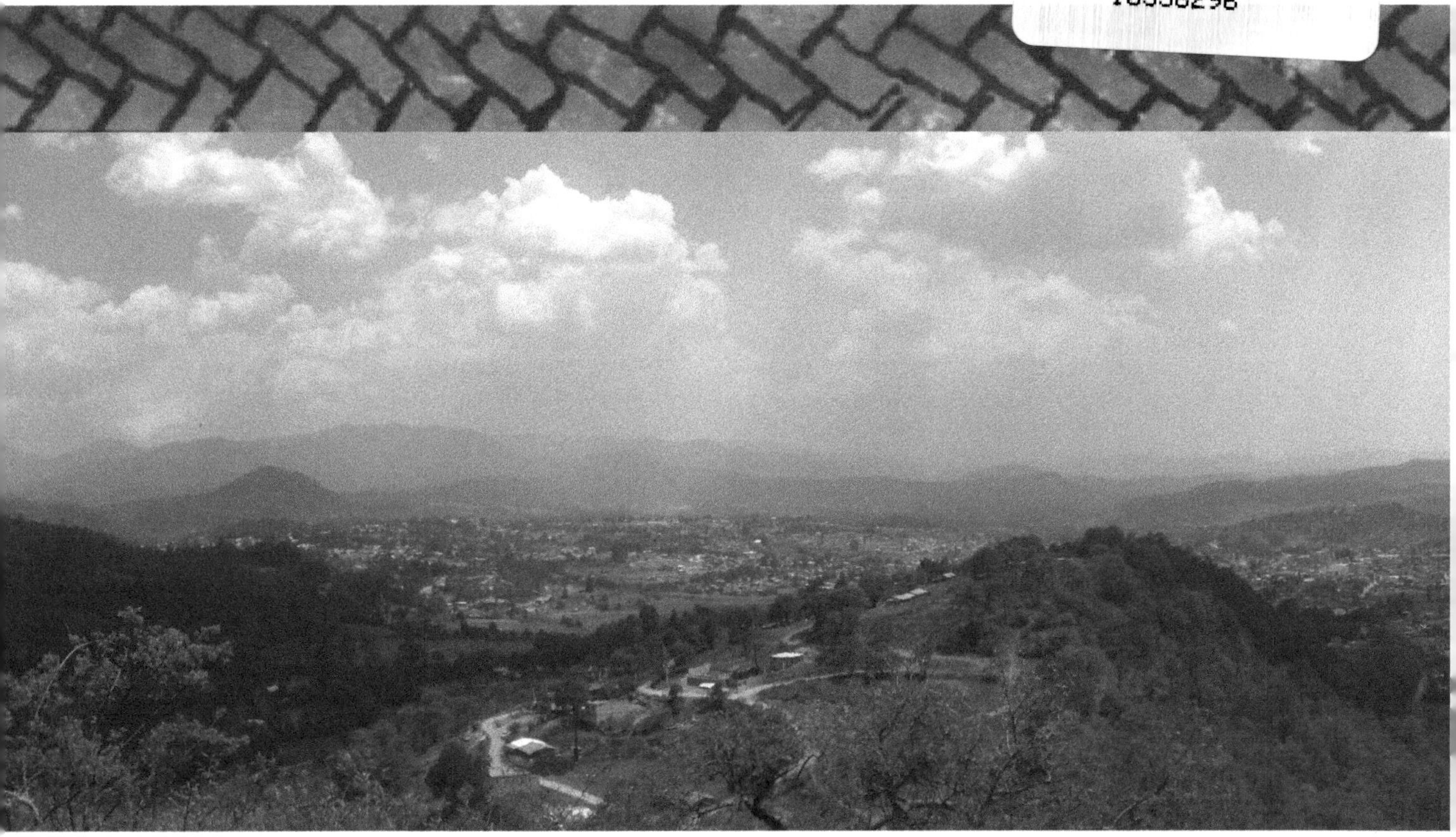

BAR INTERNATIONAL SERIES 2945 | 2019

La organización social durante el Preclásico Tardío en Tlaxiaco, La Mixteca, México

Un estudio desde la Arqueología del Paisaje

EMMANUEL POSSELT SANTOYO
Y LIANA IVETTE JIMÉNEZ OSORIO

BAR
PUBLISHING

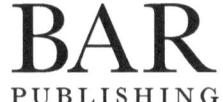

Published in 2019 by
BAR Publishing, Oxford

BAR International Series 2945

La organización social durante el Preclásico Tardío en Tlaxiaco, La Mixteca, México

ISBN 978 1 4073 1696 3 paperback
ISBN 978 1 4073 5586 3 e-format

© Emmanuel Posselt Santoyo and Liana Ivette Jiménez Osorio 2019

COVER IMAGE *La portada se compone de dos imágenes, la primera es una vista panorámica del valle de Tlaxiaco en donde se ubican los sitios arqueológicos. Esta foto está enmarcada con un detalle de petate o estera que en los códices mixtecos hace referencia a un reinado. La imagen inferior se presenta degradada y muestra un área de excavación del sitio arqueológico El Alvarado.*

The Authors' moral rights under the 1988 UK Copyright,
Designs and Patents Act are hereby expressly asserted.

All rights reserved. No part of this work may be copied, reproduced, stored,
sold, distributed, scanned, saved in any form of digital format or transmitted
in any form digitally, without the written permission of the Publisher.

BAR titles are available from:

BAR Publishing
122 Banbury Rd, Oxford, OX2 7BP, UK
EMAIL info@barpublishing.com
PHONE +44 (0)1865 310431
FAX +44 (0)1865 316916
www.barpublishing.com

Agradecimientos

Al Dr. Blas Castellón Huerta, quien desde un inicio aceptó involucrarse en este trabajo y confió en nosotros, por haberse comprometido y habernos brindado parte de su tiempo, por sus comentarios acertados y concretos que enriquecieron y direccionaron el desarrollo de este trabajo. Muchas gracias por su respaldo.

Al Dr. Ernesto Vargas Pacheco, porque durante los trabajos arqueológicos en El Tigre nos trasmitió su pasión por la arqueología y nos mostró el lado sensible y humano que ésta puede tener, por compartirnos sus experiencias y por sus observaciones referentes a este documento que nos permitieron llevarlo a buen término. Gracias por su amistad.

Al arqueólogo Iván Rivera Guzmán, a quien conocimos en el museo comunitario de Tequixtepec, ya hace algunos años, y nos dejó ver su interés y compromiso por la arqueología de la Mixteca. Su aporte y consejos para este trabajo fueron muy valiosos. Agradecemos su hermandad hacia nosotros.

A la Dra. Nelly Robles por brindarnos parte de su tiempo y darnos consejos para que este trabajo pudiera concretarse; gracias por su apoyo. A la activista Aurora Pérez Jiménez y el Dr. Maarten Jansen por enseñarnos a respetar y querer el Pueblo de la Lluvia, por permitirnos conocer la región a través de esas largas pláticas y de las visitas a tantos lugares extraordinarios que han sido muy enriquecedoras. Por su gran motivación, muchas gracias.

Jannu Lira Alatorre e Ivonne Schonleber por ser buenos maestros y amigos, por permitirnos conocer el mundo de la obsidiana y por brindarnos su apoyo. A Carolina Meza Rodríguez por compartir con nosotros tantos momentos de aventura y aprendizaje que han forjado nuestra duradera y sincera amistad.

Finalmente, extendemos nuestra gratitud a todas las personas de la Heroica Ciudad de Tlaxiaco quienes amablemente y de forma entusiasta nos mostraron sus conocimientos sobre la región y compartieron sus vivencias, por mostrarnos que los caminos continúan entre las montañas y llevan a otros lugares, por enseñarnos a ver y saber reconocer los secretos que guarda el paisaje de la Mixteca Alta. Gracias por adentrarnos en esta región.

Índice

Índice de figuras vii
Índice de tablas ix
Resumen x
Abstract xi

1. Introducción 1
   1.1. Contexto de la investigación 1
   1.2. Organización del libro 2

2. Organización social centralizada vs Organización social descentralizada 3
   2.1. Problemática de la que surge esta investigación 3

3. La Mixteca o Ñuu Savi (El Pueblo de la Lluvia) 5
   3.1. Oaxaca y La Mixteca Alta 5
   3.2. Características ambientales 7
      3.2.1. Topografía, geología e hidrología 7
      3.2.2. Clima 8
      3.2.3. Suelos 9
      3.2.4. Vegetación y uso de suelo 10
   3.3. Asentamientos del Preclásico Tardío en el valle de Tlaxiaco 11

4. Investigaciones arqueológicas en la Mixteca Alta 17
   4.1. Trabajos arqueológicos en la Mixteca 17
   4.2. Centros Urbanos del Preclásico Tardío 18

5. La Arqueología del Paisaje 23
   5.1. La Arqueología del Paisaje desde el Postprocesualismo 23
   5.2. Conceptos teóricos para el estudio de Paisajes 24
   5.3. Metodología 25

6. La fisiografía de la región de Tlaxiaco 31
   6.1. Figuras fisiográficas 31
   6.2. Microambientes en Tlaxiaco 32

7. Temporalidad y arquitectura 37
   7.1. La cerámica y la estratigrafía en El Alvarado 37
   7.2. Las formas arquitectónicas en El Alvarado 41

8. La pintura rupestre "El Chivato" como un espacio social 49
   8.1. Aproximación a la pintura rupestre 49
   8.2. Descripcción 49
   8.3. Interpretación 52

9. Condiciones de tránsito 55
   9.1. El tránsito al interior de sitios arqueológicos 55
   9.2. El tránsito en El Alvarado 56
   9.3. El tránsito al exterior de sitios arqueológicos 59
   9.4. El tránsito en el valle de Tlaxiaco 61

10. Condiciones de visualización 65
   10.1. Percepción visual al interior de El Alvarado 65
   10.2. Percepción visual en el valle de Tlaxiaco a partir de El Alvarado 68

11. Estimación de población en el valle de Tlaxiaco 73
    11.1. Población y categoría de los sitios 73

12. Reconstrucción del paisaje en el valle de Tlaxiaco...75
    12.1. La organización social del *Ñuu* El Alvarado..75
    12.2. La organización social descentralizada del *Yuhui Tayu* de Tlaxiaco...78
    12.3. Consideraciones finales...82

Bibliografía 85

Apéndice 1. Cerámica recuperada en excavación..93

Índice de figuras

Figura 1. Escena del códice Vindobonensis que muestra el topónimo de la Mixteca 6

Figura 2. Área comprendida por la Región de la Mixteca, ubicación de la Mixteca Alta 6

Figura 3. Municipio de la Heroica Ciudad de Tlaxiaco y sus principales poblados 7

Figura 4. Red Fluvial del valle de Tlaxiaco 9

Figura 5. Evidencia arqueológica de la fase Ramos en el área 11

Figura 6. Croquis del sitio arqueológico Cerro Encantado 12

Figura 7. Área central del sitio 4 13

Figura 8. Conjuntos arquitectónicos del sitio 5 14

Figura 9. Montículo principal del sitio 6 14

Figura 10. Croquis de sitios 7 y 8 15

Figura 11. Sitio 7, montículo principal con plataforma al frente 15

Figura 12. Arquitectura con monolitos, a la izquierda una esquina del sitio de Huamelulpan y a la derecha una del sitio Yuku Chayu en Chalcatongo de Hidalgo 19

Figura 13. Mapa fisiográfico del área de estudio 32

Figura 14. Zona de valle con lomas 33

Figura 15. Zona de montaña 34

Figura 16. Mapa de microambientes en el área de estudio 34

Figura 17. Mapa fisiográfico del sitio El Alvarado 35

Figura 18. Entorno natural en el que se emplaza el sitio El Alvarado 36

Figura 19. Dibujo de planta y corte de la Plataforma 1 38

Figura 20. Dibujo de planta y corte de la Terraza 1 39

Figura 21. Dibujo de planta de la Terraza 1 40

Figura 22. Dibujo de planta y corte de la Terraza 2 41

Figura 23. Espacios arquitectónicos que conforman el Alvarado 42

Figura 24. Plaza cerrada vista desde el montículo principal 43

Figura 25. Montículo principal del sitio con su plataforma adosada al frente 43

Figura 26. Plaza cerrada con el montículo principal al sur 44

Figura 27. Al centro, el cuarto con su acceso al norte generado por la remodelación 44

Figura 28. Elementos arquitectónicos localizados en la Terraza 2 45

Figura 29. Arquitectura de la fase Ramos que incorpora la roca madre 46

Figura 30. Acceso que comunica hacia la parte superior de la terraza 46

Figura 31. Lama-bordo ubicado al noreste del sitio 47

Figura 32. Croquis del sitio que contempla sus áreas central y habitacional 48

Figura 33. Dibujo de la cueva y la pintura El Chivato, vista de frente 50

Figura 34. Dibujo de corte de la cueva y la pintura El Chivato 50

Figura 35. Vista de la pintura rupestre en asociación a la cueva 50

Figura 36. Pintura El Chivato plasmada sobre la pared rocosa previamente trabajada 51

Figura 37. Imágenes que componen la pintura El Chivato 51

Figura 38. Mapa en el que se indica el tránsito entre los diferentes espacios que componen El Alvarado 57

Figura 39. Escena del códice Añute que narra un incidente que vivió la Señora 6 Mono durante un viaje que hizo por el motivo de su futura boda 59

Figura 40. *Ndoso* a orilla de un camino real 60

Figura 41. Escena del códice Añute que muestra el paso de la Señora 6 Mono por un camino subterráneo ..60

Figura 42. Camino Real en la zona de montaña de Tlaxiaco 61

Figura 43. Mapa en el que se indica el tránsito por el valle de Tlaxiaco y entre los diferentes sitios de la fase Ramos ...63

Figura 44. Vista desde las terrazas habitacionales del este hacia el área central 66

Figura 45. Al frente la Plaza Cerrada y al fondo la percepción zonal de los sitios 7 y 8 66

Figura 46. Panorámica que se tiene desde el montículo principal hacia la unidad residencial 67

Figura 47. Visualización desde el montículo principal hacia el norte 68

Figura 48. Vista que se tiene desde el sitio hacia el sur, al fondo el Cerro Yucunino 69

Figura 49. Vista panorámica que se aprecia desde la Terraza 1 del sitio hacia el oeste 69

Figura 50. Mapa que indica las relaciones visuales entre los diferentes asentamientos a través de la fisiografía ...70

Figura 51. Visibilización desde el sitio 6 hacia El Alvarado 70

Figura 52. Visibilización desde una terraza cercana a los sitios 7 y 8 71

Figura 53. Visibilización desde el sitio 1 hacia los diferentes asentamientos 71

Figura 54. Diagrama que representa la configuración del *Ñuu* El Alvarado 79

Figura 55. Diagrama que representa la configuración del *Yuhui Tayu* en Tlaxiaco 81

Figura 56. Asentamientos de la fase Flores en el valle de Tlaxiaco 82

Figura 57. Asentamientos de la fase Natividad en el valle de Tlaxiaco 83

Figura 58. Cerámica de Pasta Café que corresponde con el Tipo Alicia 94

Figura 59. Cerámica de Pasta Café con engobe negro que corresponde con el Tipo Alicia o Negro Pulido ..95

Figura 60. Cerámica de Pasta Café con engobe rojo e incisa que corresponde con el Tipo Filemón 96

Figura 61. Cerámica de Pasta Café con engobe rojo que corresponde con el Tipo Filemón.........................97

Figura 62. Cerámica de Pasta Café con engobe blanco e incisa que corresponde con el Tipo Reyes White ..98

Figura 63. Cerámica de Pasta Café con engobe rojo que corresponde con el Tipo Gildardo Lustrous..........99

Figura 64. Cerámica de Pasta Gris incisa que corresponde con el Tipo Juanito Decorated Fine Gray 100

Índice de tablas

Tabla 1. Nivel de afectación de los sistemas meteorológicos que se presentan en la Mixteca 9

Tabla 2. Cuadro cronológico y ubicación temporal del sitio El Alvarado 18

Tabla 3. Trayecto que comunica a los asentamientos del Valle de Tlaxiaco 63

Tabla 4. Relaciones visuales entre los sitios arqueológicos del valle de Tlaxiaco 72

Tabla 5. Población estimada en trabajos previos, sitio 1 y el resto 73

Tabla 6. Cálculo poblacional 74

Tabla 7. Elementos comparativos identificados en los sitios del valle de Tlaxiaco 79

Resumen

Este trabajo es una propuesta para estudiar la organización social descentralizada que existió en la época prehispánica en la región de la Mixteca, Oaxaca, México y que puede ser retomada para otros casos en Mesoamérica y el mundo. La investigación se focaliza en el sitio arqueológico El Alvarado en asociación a otros siete sitios contemporáneos ubicados en el valle de Tlaxiaco. El principal objetivo fue conocer la organización social, a nivel de sitio y valle, que existió en el Preclásico Tardío o fase Ramos (300 a.C.-300 d.C.).

Debido a que el estudio de las sociedades prehispánicas sigue una narrativa evolutiva, la arqueología en la Mixteca se ha focalizado en los grandes asentamientos, que son llamados centros urbanos para la fase Ramos. Estos asentamientos son considerados un eslabón en dicha narrativa evolutiva, ubicándose entre la etapa de aldeas (*chiefdom*) y la del estado. La organización social que caracteriza a estos grandes centros es la centralizada o primaria, que corresponde con un centro rector con varios sitios pequeños referidos como secundarios o dependientes. Este enfoque ha generado muchos entendimientos pero, al mismo tiempo, ha dejado de lado el estudio de los sitios pequeños y, con ello, otras formas de organización social que no necesariamente requieren de un centro rector, como la descentralizada o convexa.

De esta forma, a partir del enfoque Postprocesual y principalmente de la Arqueología del Paisaje (ArPa) se propone investigar estos sitios menores que han sido poco trabajados. El estudio inicia con una deconstrucción de los elementos que conforman el espacio natural y el espacio construido del valle de Tlaxiaco y, posteriormente, se realiza la reconstrucción de este paisaje para la fase Ramos. Los análisis que se desarrollan son los siguientes: fisiográfico, arquitectónico, arqueológico, de tránsito, de visualización, de las pinturas rupestres y de estimación de población.

Finalmente, con base en los resultados de estos análisis se propone una organización social centralizada para cada uno de los sitios y una organización social descentralizada para el valle de Tlaxiaco. De tal forma, a nivel de valle se plantea un tipo de organización diferente a la centralizada que ha sido ampliamente estudiada en la Mixteca Alta. Cabe señalar que la organización descentralizada que analizamos en este estudio no la consideramos como un eslabón o parte de una etapa del proceso evolutivo sino que pensamos que pudo desarrollarse en cualquier momento de la etapa prehispánica, con características y variables propias.

Abstract

This work studies the decentralized social organization that existed in Prehispanic times in the Mixteca Alta, Oaxaca, Mexico, and that can be retaken for other studies in Mesoamerica and the world. The research focuses on the archaeological site El Alvarado in association with seven other contemporary sites in the Tlaxiaco Valley. The main goal was to know the social organization that existed, at the site and valley level, in the Late Preclassic or Ramos phase (300 B.C. to A.D. 300).

Because the study of prehispanic societies follows an evolutionary narrative, archaeology in the Mixteca focuses on the monumental settlements which are named urban centers during the Ramos phase. These settlements are consider a stage in that evolutionary narrative, being placed between the chiefdom stage and the state stage. The social organization in these large centers is centralized or primary, which corresponds to a center with several small sites referred to as secondary or dependent. This approach has generated many understandings but, at the same time, it has left aside the study of small sites and, whit it, other types of social organization that do not necessarily require a center, such as centralized or convex.

In this way, from the Postprocessual approach and mainly from Landscape Archaeology, we proposed to investigate these small sites that have been little worked. The study begins with a deconstruction of the elements that conform the natural space and the constructed space of the Tlaxiaco Valley and, subsequently, the reconstruction of this landscape for the Ramos phase is carried out. The following analysis are developed: physiographic, architectural, archaeological, transit, visualization, rock paintings and population estimation.

Finally, based on the results of these analysis, a centralized social organization is proposed for each of the sites and a decentralized social organization for the Valley of Tlaxiaco. Therefore, at the valley level, a type of organization different from the centralized one that has been widely studied in the Mixteca Alta is proposed. It should be noted that the decentralized social organization that we analyze in this studio, we do not consider it as a stage in the evolutionary process. Rather we think that it could developed at any time of the Prehispanic era, with its own characteristics and variables.

1

Introducción

1.1. Contexto de la investigación

El objetivo de este libro es dar a conocer la organización social descentralizada que existió en el valle de Tlaxiaco durante el Preclásico Tardío (300 a.C.-300 d.C.). Esto lo haremos a partir de un estudio de paisaje realizado en el asentamiento El Alvarado en asociación a otros siete asentamientos contemporáneos dentro del valle. Nos enfocaremos en dos unidades de estudio que son: sitio y valle, considerando que aunque a diferente escala son complementarias.

La investigación que presentaremos dio inicio con un rescate arqueológico realizado en Tlaxiaco, municipio ubicado en el corazón de la Mixteca Alta, Oaxaca, México. Este rescate fue una acción en respuesta a la construcción de una línea de transmisión de luz que va desde Tlaxiaco hasta Itundujia, por parte de la Comisión Federal de Electricidad (CFE). El objetivo principal en ese momento era registrar y evitar la destrucción de la evidencia arqueológica que pudiera ocurrir por estos trabajos. Las etapas de fotointerpretación, recorrido de superficie, excavación y análisis de material se realizaron entre el 2006 y el 2007, brindándonos material suficiente y relevante que requería de un análisis a mayor profundidad.

Mencionamos el contexto en el que surgió la investigación porque muchos de los trabajos realizados por el Instituto Nacional de Antropología e Historia (INAH), sede Oaxaca, son de esta naturaleza y únicamente se realizan informes técnicos. Nosotros consideramos que los trabajos de rescate arqueológico representan una gran oportunidad para la realización de interesantes investigaciones en diferentes lugares y, de esta forma, generar información sobre la historia prehispánica de la Mixteca y en general de Oaxaca.

Así, el estudio que aquí presentamos fue para nosotros el inicio de una línea de investigación que hemos venido desarrollando principalmente con trabajos en la Mixteca y que se relaciona directamente con los enfoques teóricos de la Arqueología del Paisaje, la Ecología de Vida y la Hermenéutica Poscolonial (Jiménez, Cortés, et al. 2017; Jiménez y Posselt 2015; 2016; Posselt y Jiménez 2019). Lo consideramos un primer estudio[1] en el que plasmamos nuestras inquietudes así como el interés y el aprendizaje que teníamos en ese momento sobre la historia prehispánica de la Mixteca; esta etapa inicial de nuestra formación se ha ido enriqueciendo y el resultado se ve plasmado en la obra titulada "Tiempo, Paisaje y Líneas de Vida en la Arqueología de Ñuu Savi (La Mixteca, México)" (Jiménez y Posselt 2018).

La arqueología desarrollada en México y principalmente en la Mixteca tiene una fuerte influencia del Evolucionismo, tiende a seguir las narrativas dominantes que se han establecido dentro de la disciplina y, para el caso que nos ocupa, se focaliza en los grandes asentamientos, aquellos que son representativos del área en la que se localizan. En la investigación que realizamos nuestra intención fue movernos de estos parámetros para mostrar que se pueden seguir otros enfoques teóricos y, principalmente, que el estudio de asentamientos menores también genera información relevante, e incluso indispensable para el entendimiento de la dinámica social a una escala mayor, la cual incluyó asentamientos de diferente tamaño y jerarquía.

De tal forma, el presente trabajo trata sobre un tema que ha sido recurrente en la arqueología de la Mixteca: la organización social en el Preclásico Tardío (300 a.C.-300 d.C.). Este tema lo abordamos desde otro ángulo, considerando tanto las investigaciones previas en el área como las propias y retomando otro tipo de evidencia que se desprende del paisaje. El estudio lo desarrollamos a partir de los postulados teóricos de la Arqueología del Paisaje y aplicando la metodología que propone. Un punto principal de este enfoque es que da inicio con una deconstrucción del área de estudio, situándonos en una dicotomía entre lo natural y lo construido, para después integrar ambas esferas como parte de un mismo paisaje que fue vivido y aprehendido por sus moradores en un momento dado.

Bajo estos lineamientos se desarrolló la presente investigación que se centra en el estudio de El Alvarado y de otros siete sitios dentro del valle de Tlaxiaco. El objetivo que se persigue es conocer la organización social, a nivel de sitio y valle, que existió durante el Preclásico Tardío o fase Ramos (300 a.C-300 d.C.). Los estudios referentes a este tema en la Mixteca Alta, para esta fase, se han enfocado en los valles que presentan grandes asentamientos o sitios rectores y en las relaciones de interdependencia que entablan con sus vecinos de menor tamaño, resaltando el aspecto centralizado (primario) de estas unidades políticas.

Con base en trabajos previos de patrón de asentamiento llevados a cabo en esta región se observan valles en donde no se tiene la presencia de un sitio mayor que funcione como cabecera. Uno de estos valles es el de Tlaxiaco, en donde es evidente que la organización social no se

---

[1] El contenido de este libro fue escrito, en su mayoría, en el 2012; en el 2019 se realizaron algunos cambios para su publicación.

puede explicar desde el punto de vista centralizado. De tal forma, deja abierta la posibilidad de estudiar un tipo de organización distinta a nivel de valle, en este caso la organización social descentralizada. Cabe señalar que este es el primer estudio realizado en la Mixteca sobre este tipo de organización.

Para el desarrollo de este estudio consideramos tanto las características ambientales (entorno físico) como los ocho sitios arqueológicos de la fase Ramos (entorno social) que dan forma al valle de Tlaxiaco, asimismo, tomamos en cuenta la cultura viva de esta región. En este contexto aplicamos los análisis: geográfico, fisiográfico, arquitectónico, de tránsito y de visualización que fueron planteados por la Arqueología del Paisaje. En un primer momento estos análisis nos permiten realizar una deconstrucción de los elementos que constituyen los diferentes espacios para analizarlos de forma aislada, posteriormente estos se integran como un todo para reconstruir el paisaje que se está investigando y finalmente, con base en esta reconstrucción, se genera un conocimiento sobre la organización social.

1.2. Organización del libro

El libro se organizó con base en los análisis que se aplicaron a nivel de sitio y a nivel de valle, en un orden alternado. La finalidad fue presentar primero la deconstrucción del paisaje de estudio y posteriormente su reconstrucción, enfocada en la organización social que existió durante el Preclásico Tardío o fase Ramos. Este capítulo da inicio con una presentación general sobre el tema que se va a desarrollar a lo largo del libro y la forma en que se hará. En el capítulo 2 se plantea la problemática de la que se desprende este estudio y se deja ver el énfasis que se le ha dado a la organización social centralizada en comparación a la descentralizada, pese a que ambas estuvieron presentes en la Mixteca en tiempos precoloniales. El capítulo 3 describe el área de estudio en relación a sus características ambientales y a los asentamientos que existieron durante el Preclásico Tardío. Las primeras representan el espacio natural y los segundos el espacio construido del valle de Tlaxiaco, vistos de manera integral ambos son el punto de partida para esta investigación.

En el capítulo 4, primero se hace una revisión general de los trabajos que se han hecho en la Mixteca y, posteriormente, se muestran los estudios de patrón de asentamiento que se tienen para el Preclásico Tardío y se dan a conocer los principales centros urbanos. Esta investigación se hace bajo el enfoque de la Arqueología del Paisaje, de tal forma, se retoman algunos conceptos y la metodología que propone, los cuales se presenta en el capítulo 5. Los siguientes capítulos, del 6 al 11, corresponden con los análisis que se aplicaron tanto a nivel de sitio como de valle. En el capítulo 6 se estudia el espacio natural actual que caracteriza al valle de Tlaxiaco con el objetivo de aproximarse y recrear el espacio natural que existió en la fase Ramos.

Los dos capítulos siguientes se focalizan en El Alvarado. En el 7 se habla de su fechamiento con base en la cerámica recuperada de excavación y se hace un análisis arquitectónico con el propósito de conocer su organización interna, con estos resultados se establecen asociaciones con los otros sitios del valle. En el 8 se presenta un estudio de sus manifestaciones gráfico-rupestres con la finalidad de reconocer algunos principios de ordenación que se conecten con la arquitectura y el entorno natural.

Los capítulos 9 y 10 se centran en la percepción que se genera a partir de los espacios natural y construido. El primero hace referencia al tránsito en el interior de los sitios y dentro del valle y el segundo se enfoca en la visual que se tiene en El Alvarado y entre los diferentes asentamientos. En el capítulo 11 se realiza una estimación de población de los asentamientos en el valle de Tlaxiaco para tener un parámetro de comparación entre ellos.

Finalmente, el capítulo 12 corresponde con la reconstrucción del paisaje en el valle de Tlaxiaco para el Preclásico Tardío. Por lo tanto, aquí se integra la información generada de los distintos análisis para definir algunos aspectos de la organización social en el Alvarado, la cual se proyecta para el resto de los sitios. Asimismo, considerando todos los asentamientos como una unidad político-social, se habla de la organización social descentralizada que caracterizó al valle de Tlaxiaco.

2

Organización social centralizada vs organización social descentralizada

2.1. Problemática de la que surge esta investigación

En la Mixteca Alta el Preclásico Tardío o fase Ramos (300 a.C.-300 d.C.), temporalidad de los ocho asentamientos en el valle de Tlaxiaco que se verán a detalle más adelante, se distingue principalmente por el surgimiento de centros mayores y el inicio del proceso urbano. La geografía de esta región, conformada por montañas y pequeños valles intermontanos, determinó en gran medida su patrón de asentamiento y su organización político-social en tiempos prehispánicos. Esta última se distinguía por un agrupamiento de sitios en el que, generalmente, existía un centro mayor que funcionaba como cabecera y otros asentamientos de menores dimensiones considerados como sus satélites (Balkansky, Kowalewski, et al. 2000; Gaxiola 1984; Kowaleski, Balkansky, et al. 2009; Spores 1972, 1983a; Spores y Balkansky 2013).

Durante este periodo, la organización político-social de los sitios jerárquicamente diferenciados dentro de un valle estuvo determinada principalmente por una relación interdependiente y centralizada entre la cabecera y los pueblos adyacentes. En esta relación la cabecera no dependía únicamente de sus propios recursos sino también de los bienes y recursos generados por los pueblos vecinos, a su vez, estos dependían de la cabecera por los mercados para intercambio, las actividades ceremoniales y probablemente protección. Asimismo, varios asentamientos estuvieron relacionados dentro de un sistema de unidades funcionalmente interdependientes, creando una serie de redes entre ellos (Kowaleski, Balkansky, et al. 2009; Spores 1972:177; Spores y Balkansky 2013).

Hay que puntualizar que los sitios menores que formaban parte de estas redes, como los observados en el valle de Tlaxiaco, tuvieron características propias y poco se sabe de su composición, organización social internas y relaciones entre ellos en determinados valles. Cabe señalar que Heredia hizo un estudio sobre 4 sitios secundarios del Clásico (300-900 d.C.) que estuvieron ubicados en diferentes valles en la Mixteca, se enfocó en su organización social interna así como en sus diferencias y similitudes (2004).

Referente a la organización social en los centros mayores se ha mencionado la existencia de una estratificación social encabezada por una familia gobernante, compuesta por un gobernante descendiente, un conyugue de igual rango probablemente de otra comunidad, sus hijos y otros parientes cercanos (Spores 1972:181). Esta estratificación se puede atribuir a procesos internos de diferenciación social basados en la emergencia de practicantes religiosos como portadores de poder (Spores 1983b:233). Para el caso de Monte Negro la autoridad recaía en una *Iya Toniñe* (pareja gobernante); los barrios y asentamientos sujetos eran gobernados por otro *Iya* (señor), quien recibía y redistribuía el tributo de sus *ña ndahi* (plebeyos) y *tay situ ndayu* (terrazgueros). Todos formaban relaciones ritualizadas de solidaridad entre unos y otros a través de la ayuda mutua (Geurds y Jansen 2008:416 y 418).

Los trabajos que hacen referencia a la fase Ramos se han centrado especialmente en el estudio de sitios de mayores dimensiones que son representativos del valle en el que se ubican, como Yucuita y Cerro Jazmín en el valle de Nochixtlan, Huamelulpan, Monte Negro en Tilantongo, Nuundaa en Tamazulapan y otros en la región. Las ideas que se plantean son sobre su conformación, función, origen, desarrollo urbano, estratificación social, sistema de escritura, prácticas agrícolas, relación con sitios cercanos y de otras regiones, como Monte Albán, además del patrón de asentamiento. Cabe mencionar que estos tópicos se han desarrollado principalmente en los tres primeros centros, y aunque se tiene conocimiento de la existencia de otros sitios en diferentes valles no se han investigado a fondo.

Este énfasis en los grandes asentamientos o centros urbanos se debe a la narrativa evolutiva que sigue la arqueología para el estudio de las sociedades prehispánicas. Estos asentamientos se han considerado un eslabón en dicha narrativa, ubicándose entre la etapa de aldeas (*chiefdom*) y del estado. Este enfoque ha generado un sin número de entendimientos pero, al mismo tiempo, ha dejado faltantes en la investigación.

Como consecuencia, los valles que se consideran de mayor jerarquía y gran desarrollo son aquellos en donde se localizan estos centros mayores, restándole importancia a los valles que se integran únicamente por sitios de segundo o tercer orden. Estos valles son vistos como áreas periféricas respecto a los principales. Tal es el caso del valle de Tlaxiaco, que es considerado un área pequeña y periférica de Huamelulpan y de la Cuenca Interior durante la fase Ramos (Kowalewski, Balkansky, et al. 2009:257).

Entonces, vemos que hasta este momento los estudios sobre organización social a nivel de valle se han enfocado al aspecto centralizado (primario) de las unidades políticas. No obstante, hay que tener en cuenta que existen otras formas de organización político-social que, al igual que la mencionada, parten del rango y tamaño de los asentamientos que componen una determinada unidad. Dentro de éstas se encuentran: convexa (Johnson 1977), primaria convexa y doble convexa (Falconer y Savage 1995), las cuales permitirían entender la organización social en unidades políticas conformadas por sitios jerárquicamente equiparables, como en el valle de Tlaxiaco.

Igualmente, estos trabajos han dejado de lado el estudio de sitios menores, que por su extensión, número reducido de estructuras y la aparente disposición simple de éstas, no sobresalen a nivel regional como grandes centros y son tratados únicamente como sujetos o dependientes. No se contempla que pudieron ser sitios relevantes para el área en donde se localizan y que su estudio puede arrojar información complementaria sobre la dinámica social en la Mixteca durante la fase Ramos.

De tal forma, por un lado tenemos este panorama sobre la forma de organización social centralizada que se ha estudiado para diferentes valles de la Mixteca, en donde sobresale un asentamiento mayor que funciona como cabecera y, por otro lado, conocemos el contexto arqueológico del valle de Tlaxiaco en donde los asentamientos son de menores dimensiones y de igual jerarquía. Por lo tanto, nos preguntamos: ¿qué tipo de organización existió en este valle? y ¿cómo fue el funcionamiento al interior de estos asentamientos?, ¿es factible reconocer en ellos la nueva forma de organización social que caracteriza a este periodo? y si es así, ¿en qué elementos arquitectónicos se expresa? Para responder a estas preguntas consideramos necesario realizar un estudio a nivel de sitio y a nivel de valle.

Conociendo este contexto cabe señalar que con el título "la organización social descentralizada vs la organización social centralizada" no queremos decir que son dos formas contrarias u opuestas, ni que una es consecuencia de la otra como parte del proceso evolutivo, ni que una es más compleja que otra. Lo que queremos enfatizar es que ha habido una disparidad en la investigación arqueológica ya que, como mencionamos, la organización social descentralizada no ha sido estudiada para la Mixteca. Pensamos que esto se debe a que hay un gran interés por lo monumental, por las sociedades jerárquicas y por el lugar central, asimismo, es más común hablar de un sitio rector que toma las decisiones que de la organización de varios sitios para la toma de decisiones.

Estas dos formas de organización convivieron temporal y espacialmente en la región de la Mixteca y compartieron ciertas similitudes; un estudio con un enfoque integral y complementario arrojaría puntos interesantes de reflexión. Al respecto, cabe aclarar que la organización descentralizada que analizamos en este estudio no la consideramos como eslabón o parte de una etapa del proceso evolutivo sino pensamos que pudo desarrollarse en cualquier momento de la etapa prehispánica con características y variables propias.

Así, la investigación que realizamos tuvo como principal objetivo conocer la organización social que existió en el valle de Tlaxiaco durante el Preclásico Tardío (300 a.C.-300 d.C.). Esto se hizo a partir del análisis conjunto de los ocho asentamientos que lo habitaron en este periodo, tomando en cuenta que ambas unidades de estudio (sitio-valle), aunque a diferente escala, son complementarias.

Referente a los asentamientos consideramos su ubicación en el valle como parte de un paisaje y las relaciones que se generan entre ellos. También, tomando en cuenta que para comprender la dinámica social en el valle es necesario, como primer punto, considerar la organización al interior de los sitios, se analizó la composición y arreglo arquitectónicos de El Alvarado (sitio 3) en relación a su entorno. Cabe señalar que El Alvarado se tomó de referencia para los diferentes análisis porque es en el que hemos trabajado más y para el que contamos con datos de excavación; posteriormente los resultados se proyectaron para los otros sitios.

Asimismo, pensamos que para tener un acercamiento con las sociedades pretéritas que crearon y habitaron un determinado paisaje, no es suficiente el análisis de su cultura material sino que es necesario, además, incluir el entorno natural en el que estuvieron inmersas e identificar las relaciones que se generaron al tratar de humanizar ese espacio. En este sentido, el área bajo estudio nos ofrece la oportunidad de apreciar un entorno natural poco modificado en donde hoy en día es posible distinguir los elementos naturales que sobresalen en el paisaje y tienen una carga simbólica para la población. Este aspecto se ve reflejado en sus narrativas orales y en algunas prácticas culturales.

Por tal motivo, esta investigación se aborda desde el enfoque de la Arqueología del Paisaje. Como consecuencia, se estudiarán el espacio natural, el espacio social o construido y el espacio pensado o simbólico que conforman el paisaje de esta parte de la Mixteca Alta. Este enfoque integra el estudio de los elementos naturales y construidos que conforman un contexto arqueológico y plantea una metodología adecuada para su análisis. Asimismo, fue desarrollado con el propósito de pensar el espacio de una forma no estática sino en continuo movimiento y con un carácter multidimensional, atendiendo tanto su conformación física como la percepción que el ser humano tiene sobre él y el significado cultural que lleva implícito.

3

La Mixteca o Ñuu Savi (El Pueblo de la Lluvia)

3.1. Oaxaca y La Mixteca Alta

Gran parte de la región de la Mixteca se localiza en Oaxaca, el cuarto estado más grande de México con una extensión territorial de 95,364 kilómetros cuadrados en la que se distribuyen 30 distritos políticos subdivididos en 570 municipios (Álvarez 1994:9). Esta región se caracteriza principalmente por su paisaje montañoso formado por las sierras que son parte esencial de su historia y a la vez influyen en el curso de los ríos, el clima, la vegetación y, de manera importante, en la vida de los pueblos que lo han habitado.

Oaxaca es uno de los estados que presenta mayor diversidad geográfica ya que contiene todos los ecosistemas descritos para México, desde selvas húmedas, zonas secas, manglares hasta bosques de alta montaña, por mencionar algunos. Esta riqueza y diversidad biológica sólo es equiparable a su diversidad cultural.

Con base en un criterio lingüístico se reconocen para este estado 15 Pueblos: mixteco, zapoteco, nahua, chocho, ixcateco, triqui, amuzgo, chatino, mazateco, cuicateco, chinanteco, mixe, chontal, zoque y huave. Esta gran diversidad es más compleja ya que dentro de un mismo grupo lingüístico existen variantes regionales que van desde pequeños problemas de comunicación hasta la mutua ininteligibilidad (Barabas y Bartolomé 1990:18-19); un ejemplo de ello es la lengua mixteca que presenta 81 variantes reconocidas por el INALI (2009). Además de las variantes hay que considerar la filiación cultural por adscripción comunal, en donde individuos que han perdido el idioma se siguen considerando parte del grupo en el que la mayoría habla la lengua de origen o comunidades no hablantes que conservan características propias de la cultura a la que pertenecen (Barabas y Bartolomé 1990:19).

Asimismo, bajo un criterio de regionalización que responde a criterios político-administrativos, desde 1970 se acordó la siguiente clasificación del territorio: 1) Cañada, 2) Costa, 3) Istmo, 4) Mixteca, 5) Papaloapan, 6) Sierra Norte, 7) Sierra Sur y 8) Valles Centrales (Álvarez 1994:15). Sin embargo, ésta no es equiparable con la realidad, ya que los Pueblos Indígenas traspasan estas fronteras, tal es el caso del Pueblo Mixteco que ocupa, además, parte de la Sierra Sur, la Costa y los Valles Centrales.

Hablar actualmente de un territorio en específico de los mixtecos resulta difícil ya que no todos los habitantes de esta región pertenecen a este Pueblo ni todos los mixtecos se encuentran en su hábitat ancestral. Aunado a esto hay que considerar que comparten su espacio con otros Pueblos Indígenas, como: triqui, amuzgo, ixcateco, popoloca, chocholteca, nahua, con los afrodescendientes de la Costa así como con poblaciones no indígenas (Mindek 2003:7).

La región de la Mixteca, con base en su altitud sobre el nivel del mar y aspectos lingüísticos, se divide en tres subregiones: Baja, Alta y Costa. Éstas se caracterizan por los diferentes microambientes originados principalmente por su topografía y clima, que dan como resultado una gama de recursos naturales que fueron y son aprovechados por sus pobladores.

El conocimiento de la existencia de esta región con características naturales y culturales propias se tuvo desde tiempos prehispánicos, como se observa en una imagen del códice Vindobonensis que hace referencia a la llegada del Señor 9 Viento a esta región. Este personaje trae el agua del cielo para repartirla en los ríos y montes de las comunidades de la Mixteca (figura 1), que se representa con un topónimo en forma de cerro con características de *Dzahui* (dios de la lluvia) que se encuentra rodeado por otros elementos naturales como ríos y mares, entre otros (Anders, Jansen, et al. 1992:93-95).

Para el siglo XVI esta región estaba divida en dos áreas, la Mixteca Baja y la Mixteca Alta; posteriormente se aumentaron a seis:

1ª La Mixteca Alta, ñudzavuizuhu, "que es cosa como divina y estimada"; 2ª La parte de los chochos, tocuijñuhu, "por la mesma razón y tocuij ñudzavui que es Chuchon Mixteca", 3ª "la parte que cae hazia Goaxaca, tocuisi ñuhu, por ser también tierra estimada" 4ª; La Mixteca Baja, ñuniñe, "por ser tierra cálida" (se refiere a la región limítrofe entre Puebla y Oaxaca); 5ª toda aquella cordillera hasta Putla que es el principio de la costa y llamaron ñuñuma, por las muchas nieblas…; 6ª la cuesta del mar del sur que sigue a Putla llamaron ñundaa, por ser tierra llana, o ñunama por la caña de maíz, o ñundeui "que quiere decir pie del cielo" (Dahlgren 1990:74).

Actualmente las tres subregiones que conforman la Mixteca se localizan en la porción noroeste del estado de Oaxaca y abarcan territorio de los estados de Guerrero y Puebla. La Baja se ubica en casi toda la cuenca del río Mixteco (distritos de Huajuapan y Silacoayapan, gran parte de Juxtlahuaca, pequeña porción de Tlaxiaco y Teposcolula); la Alta comprende el territorio de la cuenca del río Cuananá-Verde (grandes porciones de los distritos de Nochixtlan, Tlaxiaco, Teposcolula y parte de Putla, así como pequeños sectores de Coixtlahuaca, Etla, Zaachila,

La organización social durante el Preclásico Tardío en Tlaxiaco, La Mixteca, México

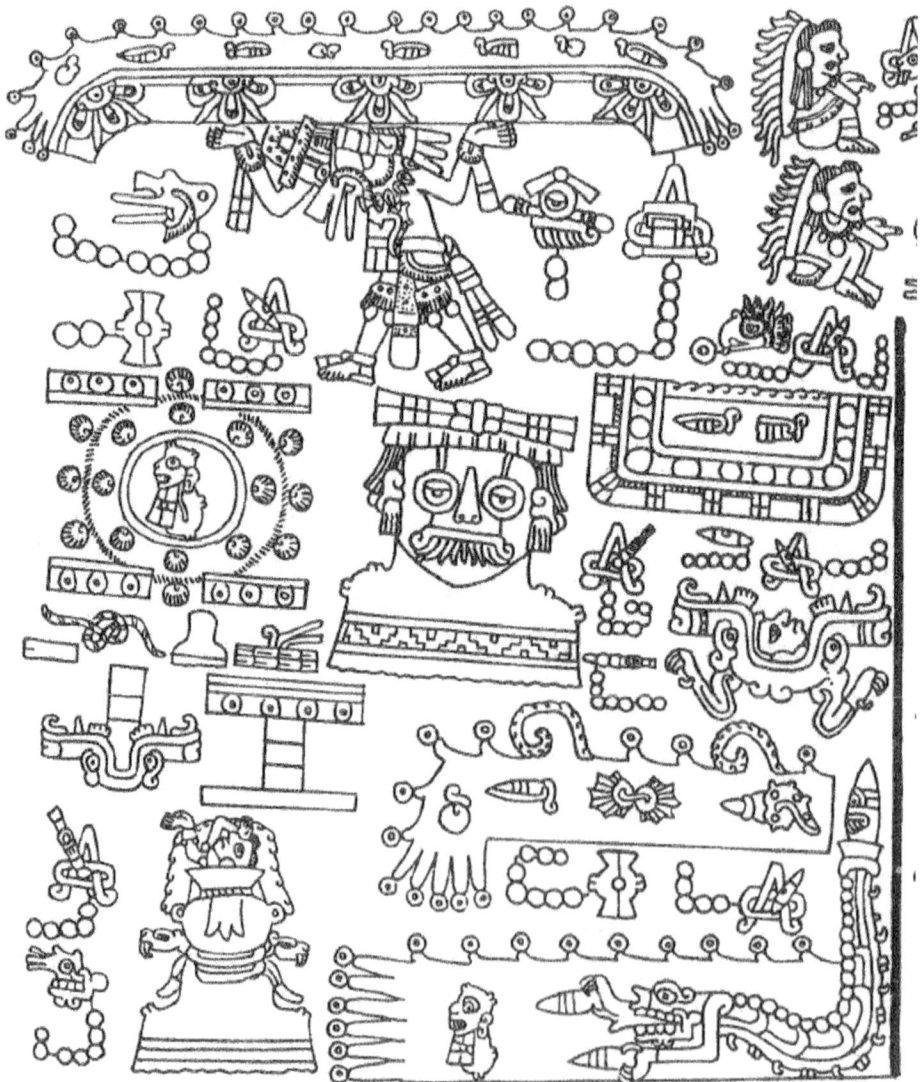

Figura 1. Escena del códice Vindobonensis (lámina 47) que muestra, al centro, el topónimo de la Mixteca (tomada de Anders, Jansen, et al. 1992).

Sola de Vega, Jamiltepec y Juquila) y la de la Costa integra casi todo el distrito de Putla y gran parte del de Jamiltepec (Álvarez 1994:20) (figura 2).

La Mixteca Alta se distingue por ser una región montañosa mencionada por Dahlgren como el Paquete Montañoso y el Complejo Oaxaqueño, que es un contacto entre las Sierras Madre Oriental y del Sur (Dahlgren 1990:26). En esta región se encuentran varios valles de diferente extensión que son irrigados por diversos ríos, con una altitud que va de los 1600 a los 2500 msnm y algunas elevaciones que alcanzan los 3200 m. Estos factores determinan que el clima sea de templado a frío y su vegetación principalmente de bosque de pino y encino. Dentro de los principales valles se encuentran: Yanhuitlan, Nochixtlan, Teposcoloula, Chalcatongo y Tlaxiaco, entre otros, siendo este último en donde se desarrolló la investigación.

El valle de Tlaxiaco se encuentra en el distrito del mismo nombre, tiene una extensión de 2689 Km cuadrados,

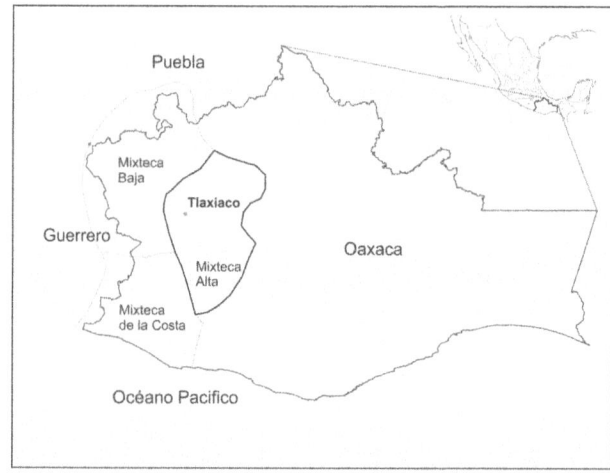

Figura 2. Área comprendida por la Región de la Mixteca, ubicación de la Mixteca Alta.

colinda al Norte con el distrito de Teposcolula, al Sur con Putla y Sola de Vega, al Este con Nochixtlán y al Oeste con el de Juxtlahuaca. Políticamente, el distrito al que nos

Figura 3. Municipio de la Heroica Ciudad de Tlaxiaco y sus principales poblados.

referimos se encuentra constituido por 35 municipios con una población aproximada de 105,775 habitantes (INEGI 2008).

Uno de los principales municipios que conforman este distrito es la Heroica ciudad de Tlaxiaco, la fecha que hace referencia a su fundación corresponde al 15 de marzo de 1825. Éste ocupa una superficie de 350.2 km cuadrados con una altitud de 2040 msnm (figura 3) y tiene una población de 34,587 habitantes (INEGI 2009).

Actualmente Tlaxiaco se considera un centro económico y social importante para la región debido a su localización entre la Costa y la ciudad de Oaxaca, siendo un punto clave para el comercio, actividad que junto con la agricultura y la explotación forestal son la base de la economía. Cabe señalar que la concentración de población se observa principalmente en un valle que se encuentra rodeado por montañas sobre las que se ubican los asentamientos correspondientes con la fase Ramos (300 a.C.-300 d.C.).

3.2. Características ambientales

Un primer acercamiento que se debe hacer con el área de estudio, de acuerdo a la metodología que utilizamos (apartado 5.3), son el análisis de terrenos[1] y el análisis topográfico o geográfico, este último incluye al primero y considera los efectos y rasgos causados por el hombre. Estos análisis, aunados al fisiográfico (capítulo 6), nos permitirán tener una imagen del espacio natural actual factible de ser proyectada hacia el pasado. La finalidad que se persigue es aproximarnos al entorno en el que estuvieron inmersos los asentamientos del valle de Tlaxiaco durante la fase Ramos (300 a.C.-300 d.C.).

3.2.1. Topografía, geología e hidrología

El estado de Oaxaca se distingue por su relieve accidentado que ha sido moldeado principalmente por dos fuerzas naturales: los plegamientos de la corteza terrestre que originaron las montañas y depresiones y la acción del viento, de la lluvia, de los ríos y la temperatura que han ido configurando valles y montañas (Álvarez 1994:43 y 44). En su conjunto, éstas dan origen a diversos paisajes con ambientes específicos.

De acuerdo a sus características topográficas, geológicas, orográficas e hidrológicas se reconocieron en el estado 12 subprovincias fisiográficas. Dentro de éstas se encuentra la de Montañas y Valles del Occidente de Oaxaca, subprovincia que incluye el área de la Mixteca Alta (Ortíz, Hernández, et al. 2004:45-46).

---

[1] El término terreno se entiende como la síntesis de las características físicas naturales de una zona como son: hidrografía, suelos, vegetación, relieve, etc. (Criado 1999:29). El relieve se tratará de forma separada porque es una unidad de análisis importante dentro de la metodología planteada, su descripción a detalle se realizará en el capítulo 6.

La topografía que presenta el estado de Oaxaca está conformada por tres cadenas montañosas: la Sierra Madre Oriental o Sierra Madre de Oaxaca, la Sierra Atravesada y la Sierra Madre del Sur. Esta última llega desde el estado de Guerrero y da forma a la región Mixteca a través de dos brazos a ambos lados del río Mixteco, dejando como valles intermontanos las zonas de Huajuapan, Coixtlahuaca, Achiutla, Nochixtlán y los Valles Centrales hasta unirse con la Sierra Madre de Oaxaca (Álvarez 1994:49-50).

La Mixteca Alta, vista desde planta, consiste en un sistema de sierras con dirección convergente hacia el sur que forman una cúspide al unirse. Esta configuración forma ejes orográficos con un rumbo NNW-SSE; tal sistema lineal adquiere un arreglo escalonado entre el que se establecen llanuras intermontanas (Ortíz, Hernández, et al. 2004:46-47).

En esta región las sierras presentan un arreglo lineal, paralelo y rotado a favor de las manecillas del reloj, combinando elevaciones (horst) con depresiones (graben) que dan origen a complejas llanuras (Ortíz, Hernández, et al. 2004:47). La ciudad de Tlaxiaco queda dentro de una de estas llanuras formadas por la Sierra Madre del Sur. Además, es atravesada por la Sierra de la Mixteca Alta o de Tlaxiaco que toma los nombres de Sierra Chicahuaxtla e Itundijia (Méndez 1985:35). Esto hace que el área cuente con pequeños valles, lomas, montañas y sierras.

Las principales elevaciones que se distinguen en el paisaje son: Cerro Yukunino (3200 msnm), Cerro La Muralla (3360 msnm), Cerro El Tambor (2620 msnm), Cerro La Tejabana (2650 msnm), Cerro La Corona (2500 msnm) y Cerro La Virgen (2380 msnm), entre otros (INEGI 2009). Es importante mencionar que para los habitantes de esta región, los cerros tienen una gran carga simbólica y han sido respetados y venerados desde tiempos antiguos.

Los tipos de rocas existentes en el área comprendida por el valle de Tlaxiaco son: metamórfica como el esquisto (e); sedimentarias, teniendo caliza (cz), lutita (lu), conglomerado (cg) y arenisca (ar); ígneas extrusivas, dentro de las que se encuentran la toba andesítica (TA), andesita (a), así como suelo aluvial (al) del cuaternario (INEGI 1989b, 2009; SGM 2000).

Dentro del marco geológico, de acuerdo a la carta Geológico Minera, el estado de Oaxaca se conforma de diversos terrenos tectonoestratigráficos, uno de ellos es El Terreno Mixteco que tiene como base al Complejo Acatlán. Este último se distingue principalmente por su intenso metamorfismo regional y su deformación múltiple que se observa en su estructura laminar compuesta con una posición que varía desde vertical hasta horizontal (SGM 2000; González y Arceo 2000-21).

Con base en su hidrografía, el estado de Oaxaca se divide en dos vertientes, una que dirige las aguas hacia el Golfo de México y otra que lo hace hacia el Océano Pacífico. Esta última tiene varias subdivisiones, una de ellas es el Complejo del Río Mixteco, que conforma la cuenca superior del Balsas con aportaciones de diversos ríos que nacen de la Sierra Madre del Sur y abarcan territorio de los distritos de Huajuapan, Teposcolula, Tlaxiaco, Juxtlahuaca y Silacayoapan (Álvarez 1994:68-69).

Los afluentes del río Mixteco que se encuentran en el municipio de Tlaxiaco son: Ocotepec, Numí y Tlaxiaco. Este último, a su vez, está formado por los ríos Yutatoto o Yosotato, Delgado o Del Angel, Curtidor, Yutavee o Yatayee, San Diego y Tablas, que cruzan el valle con una corriente que entra por sus lados noreste y sureste y se continúa hacia el oeste (figura 4) (INEGI 1989c, 2009).

De acuerdo a la clasificación de los ríos con base en su cauce, los existentes en el área de estudio corresponden a jóvenes y maduros (Gómez, Arredondo, et al. 1998:95). Los primeros drenan de las partes altas de las montañas, su cauce es en forma de V y tiende a hacerse profundo ocasionando derrumbes en sus paredes, por la pendiente que presentan el agua corre a gran velocidad ocasionando una erosión intensa. Dentro de estos se encuentran los ríos Tablas, Delgado, Yutavee y Numí; de forma general presentan un ancho de 1 a 2 m con 0.50 a 1 m de profundidad.

Los ríos maduros se caracterizan por ser grandes colectores y se localizan en zonas ya sea de sedimentación o desgaste, sus aguas se aprovechan para regadío. A este grupo pertenecen los ríos San Diego, Curtidor, Yutatoto y Tlaxiaco, que miden aproximadamente de 3 a 5 m de ancho con una profundidad de 1 a 2 m. Es importante señalar que de los ocho asentamientos arqueológicos que contempla este estudio, cinco se encuentran cercanos a afluentes principales.

3.2.2. Clima

La topografía accidentada que caracteriza al estado de Oaxaca influye en su diversidad climática, que es producto de la presencia de distintas zonas térmicas, la desigual distribución de la lluvia así como de los distintos sistemas meteorológicos. Los climas que presenta son cálidos, húmedos, subhúmedos, áridos, templados y semifríos (Trejo 2004:75).

Los principales sistemas meteorológicos que intervienen en la Mixteca Alta, de mayo a octubre, son: 1) los vientos alizos y las ondas del este: aquellos que recogen humedad del Golfo de México y atraviesan todo el estado y 2) la zona intertropical de convergencia: de inestabilidad tropical provocada por las altas temperaturas ecuatoriales que se desplazan hacia el norte y provocan lluvia; en menor medida afectan: 3) los ciclones que se originan en el Istmo de Tehuantepec.

Durante el segundo semestre del año, de noviembre a abril, se tienen: 4) los nortes: consiste en la entrada de aire frío en los trópicos y se caracteriza por las bajas temperaturas así como cambios en la dirección del viento, 5) los

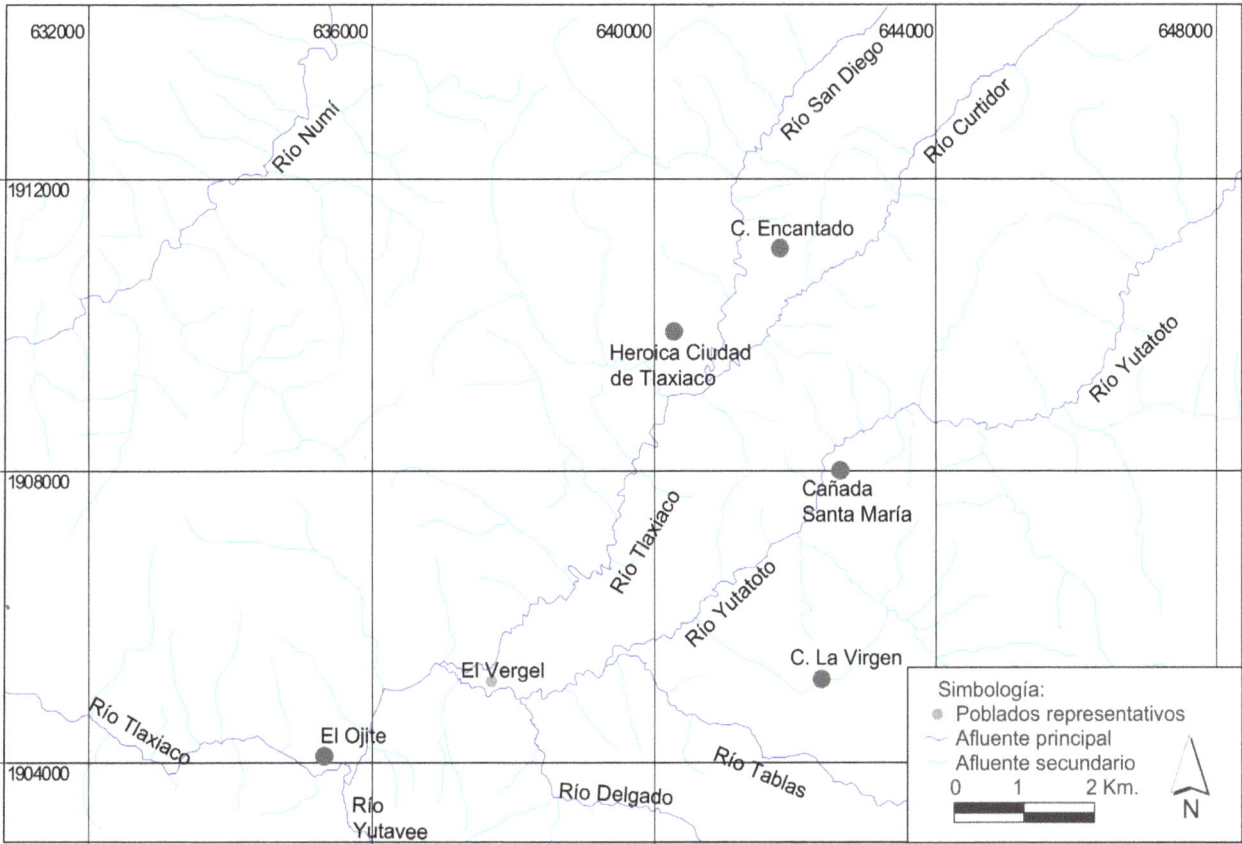

Figura 4. Red Fluvial del valle de Tlaxiaco.

vientos alizos y las ondas del este: aquellos que recogen humedad del Golfo de México y atraviesan todo el estado y 6) la corriente de chorro: una corriente de aire con una velocidad de 120 km y una altura de 10 km que se origina en el Pacífico Sur y está relacionada con nubosidad de tipo alto que, combinada con masas de aire frío, es capaz de provocar nevadas o algunas lluvias (Trejo 2004:68-69) (tabla 1).

La combinación de estos sistemas meteorológicos con los otros agentes naturales ya mencionados hacen que el clima en el área de Tlaxiaco sea templado subhúmedo, con una temperatura media anual de 15° C y precipitación pluvial de 1215.2 mm (INEGI 1989b, 2009). En verano, de mayo a octubre, la temperatura oscila entre los 18 y 22° C, con una precipitación total de 800-900 mm, lo que representa un número de 90 a 119 días con lluvia apreciable, teniendo un clima semicálido subhúmedo (INEGI 1984a). Para invierno, de noviembre a abril, la temperatura desciende a los 12-18°C con una precipitación total de 75-100 mm, reflejándose en un total de días con lluvia que va de 0 a 29 y en un clima templado subhúmedo (INEGI 1984b).

3.2.3. Suelos

El estudio de los suelos es relevante ya que están directamente asociados con el desarrollo de los diferentes ecosistemas y nos permite conocer los beneficios y el aprovechamiento que el hombre ha tenido de estos desde tiempos remotos. Entre los mixtecos del siglo XVI la tierra

Tabla 1. Nivel de afectación de los sistemas meteorológicos que se presentan en la Mixteca (datos tomados de Trejo 2004:69)

	Sistemas meteorológicos en la Región Mixteca (%)							
Época	1	2	3	4	5	6	7	8
May-Oct.	60.7	16.0	1.1	8.9	6.0	0.4	0.8	6.1
Nov.-Abr.	20.8	0.5	0.0	2.0	2.9	2.0	15.3	56.5

fue clasificada por la cualidad del suelo, sus nombres incorporan descripciones y hacen referencia al lugar donde se localizan en relación a algún elemento en la topografía; algunos tipos de suelos son: *Ñoho dayu*: tierra negra, *Yucu ytu*: campos de cerros, *Ndayu ñuhu*: tierra fértil de valle, *Ñuhu dzahui*: tierras de temporal y *Ñuhu doyo*: tierras de riego (Terraciano 2001:209-210).

Para los Pueblos Indígenas el suelo es entendido como la Madre Tierra. En el caso de los mixtecos ésta es muy importante y se respeta al momento de tomar algo o llevar a cabo alguna actividad u obra en ella, muestra de esto son los pedimentos en los que se le nombra *Ñuhu Ndehyu*[2] (Espíritu de la tierra) (Pérez 2008:103).

Para el municipio de Tlaxiaco se distinguen cuatro unidades edafológicas con sus subunidadades, que son Hh, Bv, Bcc,

---

[2] Este término es de la variante de Chalcatongo de Hidalgo, se utiliza en la tradición oral y en prácticas actuales.

l y Lc/2 (INEGI 1989a). Estas nomenclaturas describen las propiedades físicas y químicas de los suelos haciendo referencia a sus características importantes, como el clima o el tipo de roca a partir del cual se formó, así como su color, presencia/ausencia de algún elemento químico y nivel de saturación de agua, entre otros (Coordinación General de los Servicios Nacionales de Estadística 1981a). Las características de los suelos existentes son las siguientes:

Hh (Feozem Háplico): son los más comunes y se presentan en pequeñas áreas, su uso es pecuario y forestal, sus limitantes para uso y manejo son el clima y la topografía (Alfaro 2004:59). Feozem (H), del griego *Phaeo*: pardo y del ruso *Zeml já*: tierra, literalmente tierra parda. Su profundidad es variable, cuando son más profundos se localizan en terrenos planos, utilizándose principalmente para la agricultura de riego ó temporal con rendimientos altos. Los feozem menos profundos se observan en laderas ó pendientes y tienen rendimientos más bajos, empleándose generalmente para pastoreo ó ganadería. Se caracteriza por su capa superficial obscura, suave y rica en materia orgánica y en nutrientes. Háplico (h), del griego *Haplos*: simple, recibe este nombre debido a que no presenta características existentes en otros suelos (Coordinación General de los Servicios Nacionales de Estadística 1981a:27).

Bv (Cambisol-Vértico): se usan para pastizales y ganadería, su rendimiento es de moderado a alto dependiendo de sus propiedades (Alfaro 2004:59) y Bcc (Cambisol Cálcico): Cambisol (B), del latín *cambiare*: cambiar, literalmente suelo que cambia; son suelos jóvenes, poco desarrollados y sus rendimientos dependen del clima en el que se localizan. En el subsuelo presentan una capa con terrones que contienen restos de la roca subyacente, además, pueden contener, arcilla, carbonato de calcio, fierro o manganeso. También forman parte de esta unidad los suelos muy delgados localizados sobre tepetate. Vértico (v), del latín *Verto*: voltear; son suelos que al estar secos presentan grietas en el subsuelo, su fertilidad es de moderada a alta. Cálcico (cc), del latín *Calx*: cal; son ricos en cal y su fertilidad es de moderada a alta (Coordinación General de los Servicios Nacionales de Estadística 1981a:22 y 24).

l (Litosol), del griego *lithos:* literalmente suelo de piedra; se encuentra en todos los climas y diversos tipos de vegetación, están en sierras, barrancas, lomeríos y algunos terrenos planos. Son de poca profundidad y no presentan subunidades (Coordinación General de los Servicios Nacionales de Estadística 1981a:16). Pueden ser fértiles e infértiles, arenosos o arcillosos, su grado de erosión está sujeto a la topografía, su uso es forestal y dependiendo del agua y la erosión sirven para actividades pecuarias y agrícolas (Alfaro 2004:59).

Lc (Luvisol-Crómico): Luvisol (L), del latín *luvi, luo*: lavar, literalmente suelo con acumulación de arcilla; su color es rojo o amarillento, también presenta tonos pardos. Su uso es principalmente para la agricultura con muy buen rendimiento, también se emplean para la ganadería y, cabe mencionar, que los aserraderos más importantes del país se localizan en áreas con este tipo de suelo. Crómico, del griego Kromos: color; son suelos de un color pardo, rojizo o amarillento, contiene una gran cantidad de nutrientes por lo que presenta una fertilidad moderada (Coordinación General de los Servicios Nacionales de Estadística 1981a:16 y 22).

3.2.4. Vegetación y uso de suelo

Finalmente, con base en las características topográficas, geológicas, hidrológicas, edafológicas y el clima, se establece la vegetación distintiva de cada región. Para el estado de Oaxaca se reconocen un total de 26 tipos de vegetación que se presentan agrupados en formaciones de bosque, matorral, selvas, vegetación acuática y otros (Torres 2004:106).

La Mixteca Alta se encuentra dentro del ecosistema bosque mixto de coníferas, el cual es una comunidad biótica neártica asociada a precipitaciones pluviales entre los 900 y 1600 mm con ambientes nebulosos que retienen toda la humedad. Generalmente ocupa todas las alturas superiores a los 800 msnm y se conforma de encinos, pinos y oyameles de regular altura (Álvarez 1994:154).

El valle de Tlaxiaco tiene como parte de su entorno: pastizal inducido (I), vegetación arbustiva caducifolia y bosque mesófilo de montaña (M) (INEGI 1999a). El pastizal inducido surge cuando la vegetación original que predominaba en el lugar es eliminada, ya sea en áreas agrícolas abandonadas o en áreas incendiables (Coordinación General de los Servicios Nacionales de Estadística 1981b:17).

El bosque mesófilo de montaña hace referencia al tipo de vegetación arbórea densa localizada en laderas de montañas, barrancas y otros sitios protegidos con condiciones de mayor humedad en comparación del área que los rodea. Se ubica entre los 800 y 2400 msnm y está limitada por el bosque de pino y encino (Coordinación General de los Servicios Nacionales de Estadística 1981b:19). Se presenta en forma de bosques densos con dos tipos de estratos: el primero lo forman árboles de 7 a 20 m de altura y el segundo mide de 1.5 a 6 m y es dominado por especies arbustivas (Torres 2004:107).

Otro tipo de bosque que encontramos es el de galería, el cual hace referencia a la comunidad arbórea que crece en los márgenes de los ríos o arroyos, en donde se presentan las condiciones de humedad favorables. Frecuentemente están formados por el sabino y el ahuehuete (Coordinación General de los Servicios Nacionales de Estadística 1981b:19). Se encuentra en niveles altitudinales de 700 a 2500 msnm sobre terrenos arenosos (Torres 2004:113).

El uso de suelo se destina principalmente para el desarrollo de la agricultura, practicándose cultivos anuales de riego (RA) y de temporal (TA) (INEGI 1999a). Los primeros se llevan a cabo en terrenos que dependen totalmente del agua de riego, que puede ser por gravedad, bombeo, aspersión, goteo u otra técnica. Los cultivos de temporal son aquellos que dependen completamente del agua de lluvia (Coordinación General de los Servicios Nacionales de Estadística 1981b:14). Ambos tipos de agricultura incluyen la producción de maíz, trigo, frijol, alfalfa, cebada y calabaza, entre otros.

Asimismo, debido a su tipo de vegetación de bosque, otro uso importante que le dan los habitantes es el forestal. Éste se realiza a nivel familiar, para combustible, construcción de casas, fabricación de utensilios de uso diario, etc. y a nivel comunitario o empresarial, con una mayor explotación debido a su comercialización. Otra actividad recurrente fuera del área urbana es el pastoreo de ganado menor, principalmente en zonas de pastizal y en menor medida en los bosques.

3.3. Asentamientos del Preclásico Tardío en el valle de Tlaxiaco

Para aproximarse al paisaje que se busca conocer es necesario contemplar tanto el espacio natural, antes descrito, como el espacio construido que conforman el área de estudio. Por tal motivo, en este apartado se presenta la evidencia arqueológica del valle de Tlaxiaco correspondiente con la fase Ramos (300 a.C.-300 d.C.).

Esta área ha sido contemplada arqueológicamente en investigaciones sobre patrón de asentamiento realizadas a nivel regional (Kowalewski, Balkansky, et al. 2009; Spores 1995). Asimismo, se han llevado a cabo estudios en sitios particulares (Heredia 2007) y rescates (Jiménez y Posselt 2006; Jiménez y Posselt 2007; Ruíz 1995).

De esta manera, conocemos que sobre las lomas y cerros que dan forma al valle de Tlaxiaco existen restos arqueológicos que corresponden a distintas temporalidades, siendo evidencia de la continuidad y gran riqueza histórica en la zona. Con base en los datos arrojados por un trabajo de mapeo regional se tiene un total de 31 sitios arqueológicos (Kowalewski, Balkansky, et al. 2009:477-479). La presente investigación se centra en el estudio de ocho de estos asentamientos, correspondientes con la fase Ramos, con la finalidad de identificar la forma de organización político-social a nivel de sitio y de valle (figura 5).

A continuación presentamos una breve descripción de estos. Los sitios 1 y 2 se ubican al noreste del valle. El primero se denomina "Cerro Encantado", el asentamiento ocupa la cima y laderas de dos cerros; al norte, Cerro Encantado y al sur, Cerro de la Manzanita. Se encuentra en las coordenadas UTM 641806 E y 1911038 N, a una altura de 2230 msnm, en su costado este corre de norte a sur el Río Curtidor (Heredia 2007:27).

En el recorrido de superficie de 1999, con base en el material cerámico, se identificaron tres fases de ocupación para el sitio: Ramos, Las Flores y Natividad. Estos datos fueron similares a los recuperados durante el trabajo de

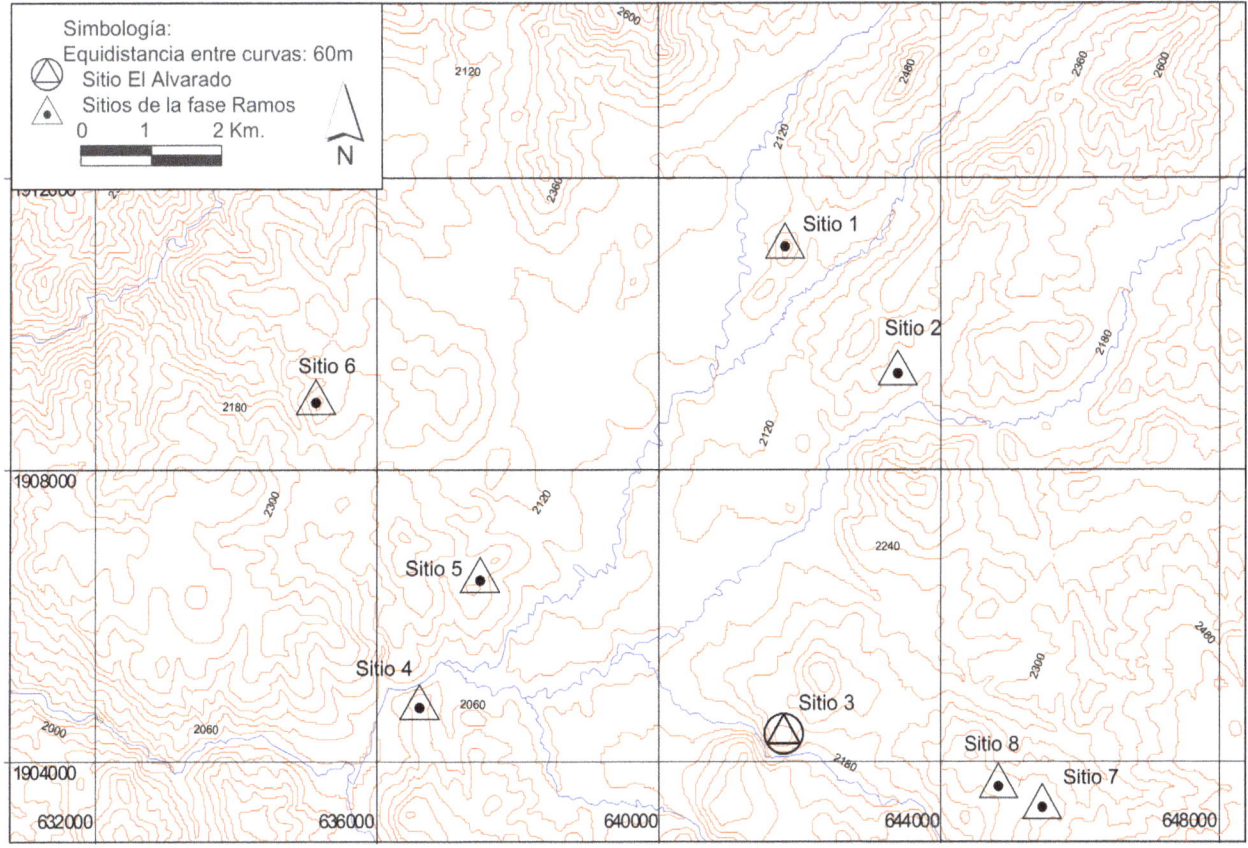

Figura 5. Evidencia arqueológica de la fase Ramos en el área.

recorrido intensivo, excepto por el tamaño y el área de ocupación durante cada fase, siendo menor para Ramos (16 hectáreas con una población de 535 a 1075 personas), con un aumento para Las Flores Temprano (27 hectáreas con una población de 950 a 1450 personas) y mayor para Natividad (36 hectáreas con una población de 960 a 1493 personas) (Heredia 2007:30).

En Cerro de la Manzanita no se observa evidencia arquitectónica mientras que Cerro Encantado presenta varias terrazas que rodean la arquitectura cívico ceremonial que se localiza en su cima. Ésta consiste en un conjunto de cuatro montículos que encierran una plaza; el mayor de ellos, con una altura aproximada de 4 a 5 m, se localiza al norte, su fachada principal está orientada hacia el sur y presenta una plataforma adosada al frente (Heredia 2007:30).

Atrás del montículo principal se localiza un gran espacio abierto formado por una plaza y una terraza que posiblemente sirvieron como un área privada para los que vivieron en el montículo mayor. Hacia el sur, sobre una plataforma de desplante se localiza otro montículo (Heredia 2007:31) que, al hacer juego con una plaza, conforman otro conjunto arquitectonico (figura 6). Para la fase Ramos el asentamiento ocupa únicamente la cima de Cerro Encantado, presenta terrazas residenciales largas y angostas, lama-bordos (terrazas para agricultura) y arquitectura pública (Kowalewski, Balkansky, et al. 2009:257).

El segundo sitio (2) es un conjunto de residencias aisladas (concentración cerámica de densidad baja). Se localiza en las coordenadas UTM 643519 E y 1909587 N sobre las laderas de una serranía a 2150 msnm, ocupa un terreno de 2 hectáreas y tuvo una población aproximada de 35 personas (Kowalewski, Balkansky, et al. 2009:267 y 480).

El sitio 3 es El Alvarado, se localiza en las coordenadas UTM 641720 E y 1904336 N con una altitud de 2,240 msnm. El área central se encuentra en la cima de una loma que presenta una serie de terrazas bien definidas y consolidadas. Éstas tienen una altura constante que rodean de manera continua al sitio por sus lados Norte, Este y Sureste; hacia el Sur y Oeste la pendiente de la loma es más abrupta porque forma parte de una cañada por la que pasa el río Tablas. Con los trabajos de excavación que realizamos observamos que el sitio tuvo dos periodos de ocupación, manifestados tanto en la arquitectura como en los materiales cerámicos. La primera ocupación se dio en el periodo Preclásico Tardío (300 a.C.-300 d.C.) y la segunda fue durante el Posclásico (900-1521 d.C.), siendo mayor para el primero (Jiménez y Posselt 2007:108 y 109).

El asentamiento ocupa principalmente la cima y las terrazas de esta loma. Consta de dos conjuntos arquitectónicos: el primero (área central del sitio) se localiza hacia el sur y está integrado por cuatro estructuras que encierran una plaza; el montículo mayor de 4 m de alto se localiza al sur y su fachada está orientada hacia el norte, en donde tiene una plataforma adosada al frente. El segundo conjunto se ubica hacia esta misma dirección y está formado por un montículo con una plaza. Además de la evidencia arquitectónica, esta loma presenta dos cuevas exógenas en su lado Oeste; una de ellas es conocida por la población como cueva El Chivato, en donde se localizan representaciones gráfico-rupestres, y la otra como Cueva de los Huesos, en donde se observan restos óseos.

Los sitios 4 y 5 se localizan al sur del valle, en la agencia El Vergel. El primero (4) retoma este nombre, se ubica en las coordenadas UTM 636661 E y 1904526 N con una altura de 2114 msnm; es de forma alargada, corre de norte a sur y ocupa las cimas de dos cerros. Con base en el material de superficie se le ha atribuido una ocupación para las fases Flores y Natividad, siendo más importante para esta última (Heredia 2007:40). Presenta una arquitectura compleja con un gran número de elementos cívicos ceremoniales que se agrupan en tres conjuntos (norte, central y sur). Durante la fase Flores fue un asentamiento pequeño con poca población en comparación con el resto de los sitios en el valle (Heredia 2007:41).

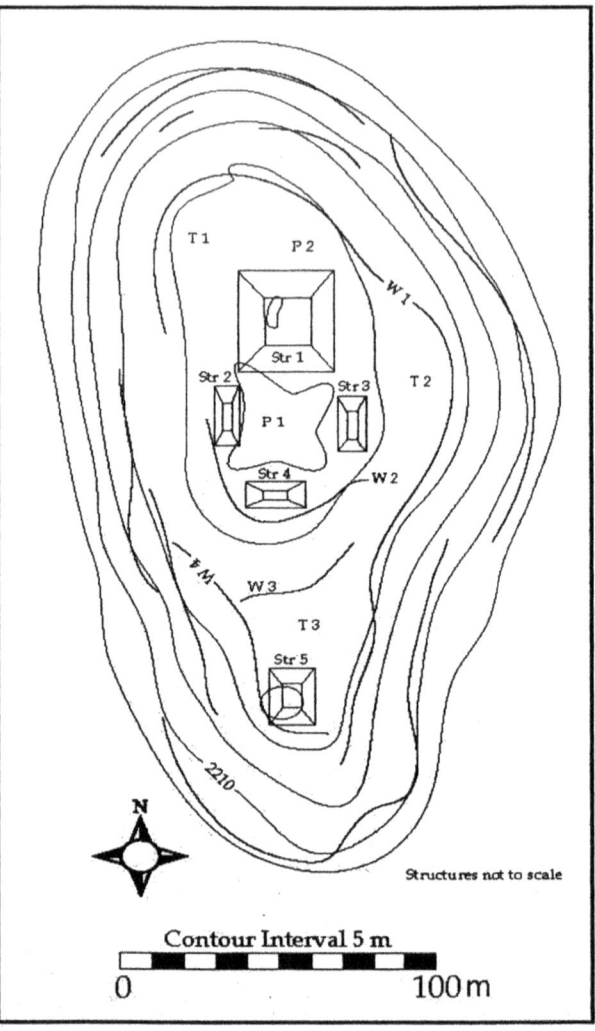

Figura 6. Croquis del sitio arqueológico Cerro Encantado (tomado de Heredia 2007:33).

Figura 7. Área central del sitio 4, detalle del montículo principal y su plaza con un altar al centro.

Este sitio se considera en este estudio debido a la cerámica correspondiente a la fase Ramos que se obtuvo de pozos estratigráficos ubicados entre los conjuntos norte y central. Cabe señalar que el material se encontró en asociación directa a elementos arquitectónicos (debajo de pisos y muros) (Ruíz 1995).

Con los datos que se tienen no es posible saber si la arquitectura monumental o qué parte de ella existió para este tiempo, sin embargo, el agrupamiento de cuatro estructuras corresponde con las características arquitectónicas que se describen para los sitios de la fase Ramos. Asimismo, la disposición de las estructuras que dan forma a una plaza cerrada se observa en los otros asentamientos contemporáneos del valle (figura 7). En este caso el conjunto se conforma de 3 plataformas con una altura promedio de 0.5 a 1.5 m y un montículo mayor de 4 m de alto que encierran una plaza hundida (Heredia 2007:41-44).

El sitio 5 ocupa la cima de un cerro, sus coordenadas UTM son 637330 E y 1906424 N y se ubica a 2205 msnm. El área central está conformada por un conjunto de cuatro estructuras que encierran una plaza con un altar al centro. El montículo mayor de alrededor de 3 m de alto se localiza al oeste y muestra una orientación hacia el sureste, además, tiene una plataforma adosada al frente. Fuera de este conjunto, aproximadamente a 50 m hacia el este, se encuentra otra plataforma en asociación a una pequeña plaza, dando forma a otro conjunto arquitectónico (figura 8).

Con base en el material de superficie se le asigna una ocupación para la fase Natividad (Kowalewski, Balkansky, et al. 2009:265). No obstante, al igual que los otros asentamientos en el valle, el tamaño, la disposición y conformación arquitectónica de su área central es semejante a la de otros sitios de la Mixteca que han sido fechados para la fase Ramos[3]. Esta similitud sugiere su contemporaneidad y por lo tanto decidimos considerarlo como otro asentamiento para el presente estudio.

Al oeste del valle, sobre un cerro ubicado en el paraje Los Órganos, se encuentra el sitio 6 con coordenadas UTM 635218 E y 1908924 N, a 2271 msnm. Presenta un conjunto principal de tres estructuras que encierran una plaza; el montículo mayor de 3m de altura tiene una plataforma adosada al frente y se ubica al norte, con una orientación hacia el sur (figura 9). Es un asentamiento compacto con una arquitectura pública de arreglo linear, tiene terrazas largas y angostas y se distinguen lama-bordos en asociación. Su temporalidad es para las fases Ramos y Las Flores, siendo más extenso para esta última. En la fase Ramos tuvo un área de 3.8 hectáreas con una población media de 188 personas (Kowalewski, Balkansky, et al. 2009:257 y 478). Asimismo, es importante mencionar que, en su ladera oeste, presenta una serie de manifestaciones gráfico-rupestres.

Existen dos sitios más (7 y 8) que se localizan en la región montañosa, fuera de la unidad fisiográfica del valle (figura 10). El 7 se encuentra en la cima de una loma con terrazas, en las coordenadas UTM 645379 E y 1903640 N y con una altura de 2399 msnm. Su área central se conforma de tres plataformas y un montículo distribuidos alrededor de una plaza; el montículo con una altura de 4 m se localiza al este, presenta una orientación hacia el oeste y al frente muestra una plataforma adosada (figura 11). Al sur del conjunto principal, sobre otra loma, se encuentra una plataforma. Su ocupación fue durante la fase Ramos con una extensión de 15.9 hectáreas y una población aproximada de 1192 (Kowalewski, Balkansky, et al. 2009:273 y 481).

Finalmente el sitio 8, muy cercano al anterior, se ubica en las coordenadas UTM 644857 E y 1903765 N a 2393 msnm. Éste ocupa la cima de un cerro que en sus laderas muestra terrazas residenciales; el área central se compone de un montículo de 3 m de alto y una plataforma al frente que funciona como plaza. Ha sido fechado para las fases Ramos y Natividad, siendo predominante para la última (Kowalewski, Balkansky, et al. 2009:274). Cabe aclarar que con la evidencia que se cuenta no es posible determinar si la arquitectura existente es de la fase Ramos.

Elegimos trabajar con estos sitios porque son contemporáneos y forman un agrupamiento dentro de la

---

[3] Las características arquitectónicas que distinguen a esta fase se describirán en el apartado 4.2.

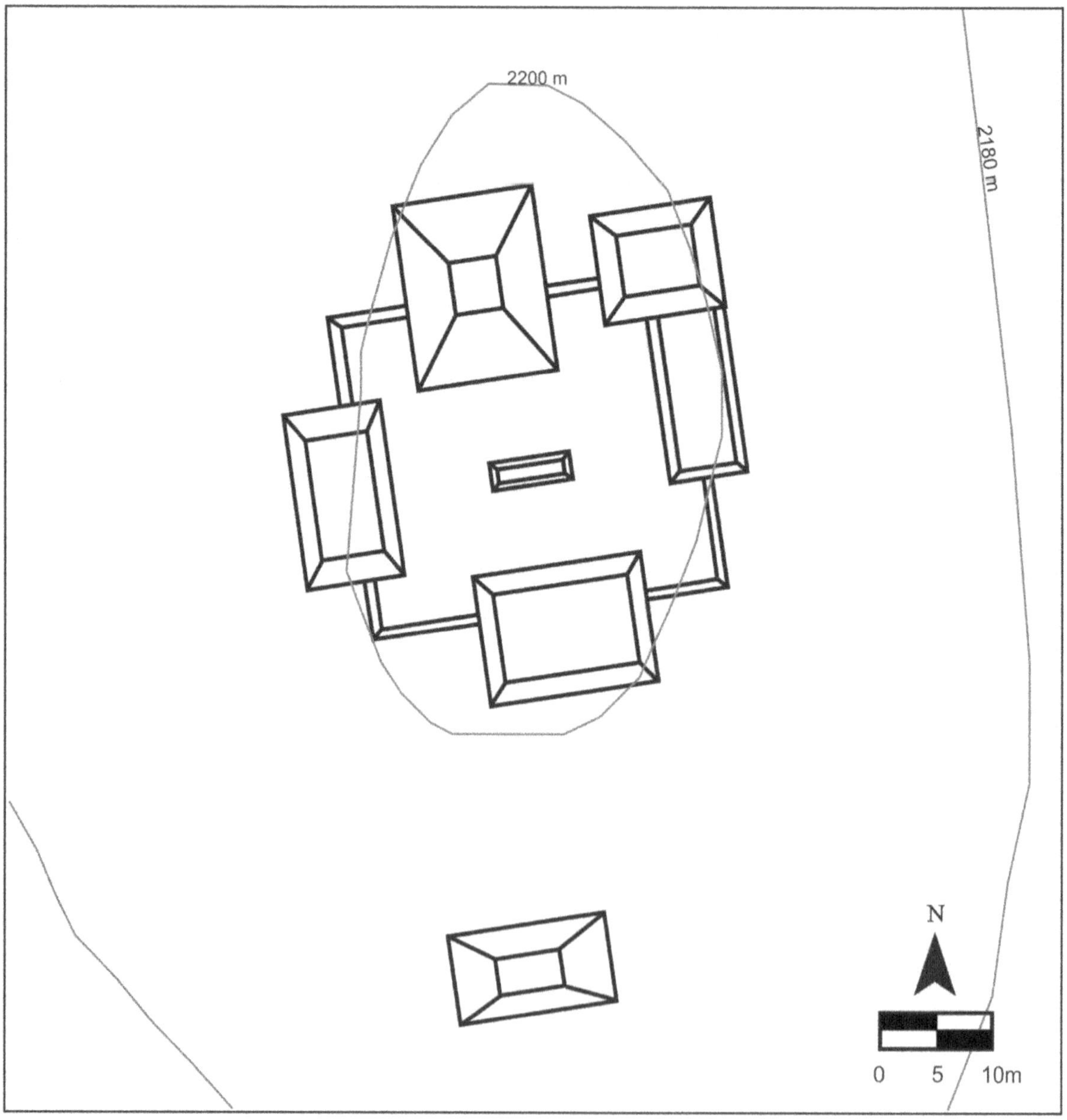

La organización social durante el Preclásico Tardío en Tlaxiaco, La Mixteca, México

Figura 8. Conjuntos arquitectónicos del sitio 5.

Figura 9. Montículo principal del sitio 6, se señala plataforma adosada al frente.

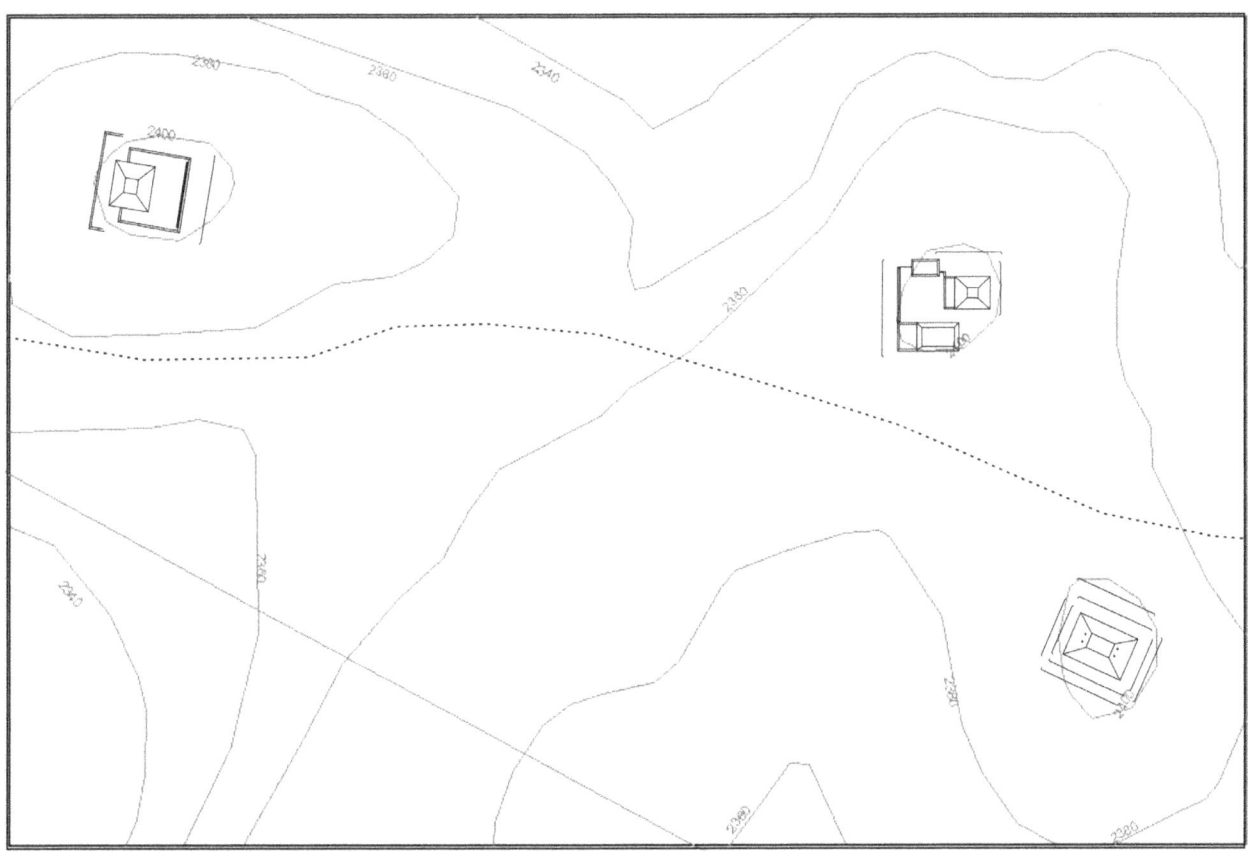

Figura 10. Croquis de sitios 7 (izquierda) y 8 (derecha).

Figura 11. Sitio 7, montículo principal con plataforma al frente.

unidad fisiográfica del valle en Tlaxiaco, fuera de ésta no se localizan otros sitios cercanos para esta fase. Asimismo, estos asentamientos, sin considerar el número 2, comparten ciertos elementos arquitectónicos que distinguen a algunos de los sitios de la fase Ramos en diferentes valles. Considerando sus áreas centrales, vemos que el arreglo arquitectónico se caracteriza principalmente por una plaza de dimensiones similares, de alrededor de 27 m de largo por 25 m de ancho, que generalmente está cerrada por cuatro estructuras, a excepción del número 8, y es de notar que el montículo mayor presenta una plataforma adosada al frente.

Además, existe otro montículo que se localiza fuera de la plaza cerrada, que en asociación a una plaza menor conforman otro conjunto arquitectónico; este último está ausente en los sitios 4 y 8. A partir de estos dos conjuntos el área central se distribuye de forma lineal, tomando como referencia al montículo principal de la plaza cerrada y al que queda fuera de ella. Asimismo, todos los asentamientos cuentan con terrazas habitacionales que rodean el área central y están asociados a sistemas de lama-bordo.

De acuerdo al número de estructuras visibles y extensión del área central, los siete asentamientos con arquitectura son pequeños en comparación con aquellos que funcionaron como cabeceras o capitales en diferentes valles durante la fase Ramos, como Huamelulpan, Yucuita, Cerro Jazmín y Monte Negro, entre otros. Con base en recorridos arqueológicos de superficie se ha establecido para la Mixteca una jerarquía de sitios que se basa en el número de estructuras y tamaño del asentamiento. En esta jerarquía las cabeceras se consideran sitios de primer orden (Byland 1980:143; Byland y Pohl 1994:52; Spores 1972:177, Kowalewski, Balkansky, et al. 2009:302).

Tomando como referencia estos parámetros, los sitios descritos anteriormente se encuentran dentro del segundo o tercer orden a nivel regional. Asimismo, a una escala menor (el valle de Tlaxiaco), estos no presentan una marcada jerarquización ya que, a excepción del 2, el resto de los asentamientos son equiparables.

4

Investigaciones arqueológicas en la Mixteca Alta

4.1. Trabajos arqueológicos en la Mixteca

La región de la Mixteca Alta cuenta con una gran riqueza arqueológica que ha sido estudiada a través del tiempo por diferentes investigadores con objetivos y enfoques distintos que corresponden al desarrollo arqueológico[1]. Los resultados se han ido sumando y ahora permiten reconstruir parte de su historia.

Los primeros trabajos que se tienen se realizaron a principios de los años 30 y consistieron, de forma general, en la visita de varios sitios arqueológicos ubicados en los principales valles así como algunas excavaciones en los que se consideraron relevantes. Estos estudios estuvieron dirigidos por Alfonso Caso y su equipo integrado por Juan Valenzuela, Eulalia Guzmán, Martin Bazán, Daniel de la Borbolla, Jorge R. Acosta y Javier Romero. Posteriormente, siguiendo con estas investigaciones, en los cincuenta estuvieron Ignacio Bernal en Coixtlahuaca (1965) y Tamazulapan (1958, 1965), José Luis Lorenzo en Yanhuitlan (1958) y Gamio en Huamelulpan (1957).

Hasta ese momento, los estudios realizados en la Mixteca Alta se habían enfocado en la intervención de sitios relevantes con el fin de encontrar evidencia que permitiera establecer una relación con el sitio de Monte Albán (Caso 2003:55); no se había propuesto una investigación centrada en el desarrollo de esta área. Fue hasta 1966 cuando, Ronald Spores con su proyecto en el valle de Nochixtlan, inició un tipo de estudio regional. Éste pretendía conocer la composición y desarrollo de la prehistoria, protohistoria e historia dentro del valle (Spores 1972).

Continuando con este tipo de proyectos enfocados al desarrollo de la cultura Mixteca, Marcus Winter y su equipo conformado por Adriana Alaníz y Margarita Gaxiola en Huamelulpan (1984:17 y 18), Nelly Robles en Yucuita (1988) y Roberto Zarate en Etlatongo (1987), inician trabajos en el valle de Nochixtlan y Huamelulpan. El propio investigador llevó a cabo trabajos en Yucuita (Winter 1982:6). También como parte de estos trabajos Plunket y Uruñuela realizan una prospección en Yucuita y Yucuñudahui (1985).

A partir de este tiempo se llevan a cabo estudios en diferentes valles y sitios de la región, como: Tamazulapan (Byland 1980), Tilantongo (Pohl y Byland 1990), San Pedro Yucunama (Matadamas 1992), en el asentamiento de Etlatongo (Blomster 2004), en el valle de Teposcolula (Stiver 2001) y en el sitio de Yucundaa "Pueblo Viejo de Teposcolula" (Spores 2008 y 2009, Spores y García 2004, 2014a y 2014b y Diego 2010 y 2014).

También se han realizado trabajos en Monte Negro y Apoala (Geurds 2007), en la zona de Teozacoalco y el sitio del Cerro Amole (Whittington 2003, Whittington y Workinger 2015, Whittington y Gonlin 2016 y Whittington, Vicente, et al. 2018), en el sitio de Nicajayu (Pérez 2003), en el de Tayata (Duncan, Balkansky, et al. 2008), en el área de Santa Catarina Ticua (Cruz 2002), en el sitio de Achiutla (Forde 2015) y en el valle de Coixtlahuaca (Kowalewsky, Barba et al. 2010 y KowalewskySteere et al. 2011).

Dentro de este marco de investigaciones el área de Tlaxiaco ha formado parte de diferentes estudios realizados a nivel regional, como el de Spores, quien llevó a cabo un recorrido de superficie en la Mixteca Central y Oeste entre 1993 y 1995 (Spores 1995); el de patrón de asentamiento realizado en 1999 en la Mixteca Alta Central (Kowalewski, Balkansky, et al. 2009) y el que efectuó Verenice Heredia entre 2001 y 2002 enfocado en los Centros Secundarios del Período Clásico (Heredia 2002).

Asimismo, en esta área se han llevado a cabo intervenciones de rescate arqueológico por parte del Centro INAH-Oaxaca. Una ocurrió en 1995 cuando se realizaron pozos de sondeo en el sitio El Vergel (Ruíz); otra fue en el 2006 y consistió en una prospección del tramo comprendido entre los municipios de Tlaxiaco e Itundujia (Jiménez y Posselt 2006), la segunda fase de este trabajo fue en el 2007, cuando se excavaron áreas específicas de los sitios arqueológicos que serían afectados por una Línea de Transmisión (Jiménez y Posselt 2007).

Con lo expuesto vemos que los trabajos realizados en la Mixteca Alta han sido principalmente regionales, y que el estudio de sitios particulares se ha centrado en los mayores, representativos de una fase o de un valle. Asimismo, en el desarrollo de las diferentes investigaciones el aspecto del entorno natural se ha relegado, olvidando que el entorno natural forma parte del paisaje de una sociedad y que ambos están estrechamente relacionados. Contemplar el paisaje en un estudio arqueológico puede proporcionar información sobre los procesos sociales, tal como lo dejan ver para el Pueblo Mixteco los códices y la tradición oral (Jansen 1982; Jansen y Pérez 2009b).

---

[1] Véase el trabajo de Pérez, quien discute los temas relevantes en la arqueología de la región de la Mixteca, tanto de la Alta, como de la Baja y de la Costa (2012).

Tabla 2. Cuadro cronológico y ubicación temporal del sitio El Alvarado

Fechas	Mesoamérica	Valles Centrales de Oaxaca	Mixteca Alta		
1521 d. C.	Posclásico Tardío	Monte Albán V Tardío	Natividad Tardío		El Alvarado Tlaxiaco
1400					
1300					
1200	Posclásico Temprano	Monte Albán V Temprano			
1100			Natividad Temprano		
1000					
900	Clásico Tardío	Monte Albán IV			
800			Flores Tardío		?
750					
700		Monte			
650		Albán IIIb			
600					
500	Clásico Temprano		Flores Temprano		
400		Monte Albán IIIa		Huamelulpan III	
300					
200	Preclásico Tardío	Monte Albán II	Ramos	Huamelulpan II	El Alvarado Tlaxiaco
150					
100					
0					
100		Monte Albán Ic			
200				Huamelulpan I	
300		Monte Albán Ia			
400					
500	Preclásico Medio	Rosario	Cruz Tardío		?
600					
700		Guadalupe			
800					
900		San José	Cruz medio		
1000					
1150					
1200	Preclásico Temprano	Tierras Largas	Cruz Temprano		
1400					
1500					
2000					
2500					
8000	Precerámico				

4.2. Centros Urbanos del Preclásico Tardío

El desarrollo cultural que presenta la Mixteca Alta sigue un cierto paralelismo con lo que se conoce para Mesoamérica, ya que descansa en una historia compartida que inició en la etapa agrícola y presenta rasgos culturales comunes (López y López 2001: 67 y 90). En el cuadro cronológico[2] se muestran los periodos Precerámico, Preclásico, Clásico y Posclásico con sus respectivos nombres y divisiones temporales a nivel regional, para la Mixteca se tienen los siguientes: Precerámico (8000-1400 a.C.), Cruz Temprano (1400-1150 a.C.), Cruz Medio (1150-700 a.C.), Cruz Tardío (700-300 a.C.), Ramos (300 a.C.-300 d.C.), Flores Temprano (300-700 d.C.), Flores Tardío (700-900 d.C.), Natividad Temprano (900-1200 d.C.), Natividad Tardío (1200-1521 d.C.) (tabla 2).

---

[2] La cronología de Mesoamérica fue tomada de López Austin y López Lujan (2001). Para los Valles Centrales se basa en Marcus y Flannery (2001). Para la Mixteca Alta se presentan las propuestas, integradas en una, de Zarate (1987), Blomster (2004), Spores (2007), Kowalewski, Balkansky, et al (2009), Joyce (2010) y Spores y Balkansky (2013). Consideramos también la de Gaxiola para Huamelulpan (1984) porque es una zona representativa de la región cercana al sitio de estudio El Alvarado.

Figura 12. Arquitectura con monolitos, a la izquierda una esquina del sitio de Huamelulpan y a la derecha una del sitio Yuku Chayu en Chalcatongo de Hidalgo.

El periodo de interés para la presente investigación corresponde con el Preclásico Tardío o fase Ramos (300 a.C.-300d.C.), por tal motivo, a continuación se describen sus principales características atendiendo al patrón de asentamiento y a la organización social que se observaron en los diferentes valles. Los estudios que se toman como base son los realizados en el Valle de Nochixtlan y en las regiones de Tamazulapan, Tilantongo-Jaltepec y la Mixteca Alta Central, refiriéndose en menor medida a los estudios llevados a cabo en sitios particulares. En primer lugar se mencionan las generalidades que se observan en la Mixteca Alta y posteriormente se describen aspectos de cada subregión.

En la Mixteca Alta esta fase se distingue principalmente por el surgimiento de los primeros centros urbanos, aunado a ello se dan cambios en cuanto al patrón de asentamiento y la jerarquía de sitios así como en la organización social. La ubicación de los sitios es similar a la de la fase anterior, en lomas bajas y pie de monte, sin embargo, se observa una nueva preferencia por cimas altas que llega a ser la predominante (Byland 1980:143; Kowalewski, Balkansky, et al. 2009:299; Spores 1972:176). Una característica importante de estos es que presentan una jerarquía basada en la extensión del sitio y el número de estructuras que tiene. Esta jerarquía puede ser de dos a tres niveles (Byland 1980:143; Byland y Pohl 1994:52; Spores 1972:177) o hasta de cuatro (Kowalewski, Balkansky, et al. 2009:302). Asimismo, cabe señalar que las formaciones sociopolíticas (*yuhui tayu*) que se vieron en el Posclásico o fase Natividad así como la relación de interdependencia entre asentamientos bajo un sistema jerárquico, debieron tener sus antecedentes en esta fase Ramos (Spores 1972; Gaxiola 1984).

Los asentamientos fueron más compactos y densamente poblados que los de la fase Cruz Tardío (Kowalewski, Balkansky, et al. 2009:300). El área central, exceptuando en los más complejos, tuvo un arreglo simple, el básico fue un sólo montículo con una plaza, aunque en ocasiones otra plataforma fue adherida ya sea al frente o para formar una L; menos frecuentes fueron los grupos de tres a cuatro montículos y el arreglo más elaborado fue linear con una serie de plataformas, plazas y estructuras que sostuvieron a un montículo mayor[3] (Kowalewski, Balkansky, et al. 2009:302).

La arquitectura monumental no estuvo expresada en los montículos piramidales sino en las plataformas o terrazas de grandes dimensiones que se ubicaron sobre las laderas o rodeando los asentamientos (Gaxiola 1984:55; Kowalewski, Balkansky, et al. 2009:303). Algunos edificios de sitios mayores presentaron, además, grandes monolitos en sus esquinas (figura 12), siendo una característica general en la Mixteca Alta (Gaxiola 1984:55). Otro elemento que se observa es el sistema de terrazas para la agricultura, que para esta fase estuvo más próximo a los asentamientos (Kowalewski, Balkansky, et al. 2009:300; Pérez 2006:252).

Para la zona de Nochixtlan-Yanhuitlan durante la fase Ramos se observa una expansión de los asentamientos en tamaño y número (Spores 1972:175). El primer centro urbano fue Yucuita, con un área central diversificada y unidades residenciales adyacentes entremezcladas con la arquitectura cívica ceremonial; éste funcionó como un centro que integró a varios sitios medianos y pequeños en el brazo de este valle (Spores 1972:175; 1984:24). La relación entre estos diferentes asentamientos

---

[3] Las características que mencionamos son propias de los sitios considerados dentro del II al IV nivel, como los descritos para el valle de Tlaxiaco, en los que se observa la combinación de un arreglo de tres a cuatro estructuras y un eje linear.

interdependientes fue un elemento del urbanismo en un sistema de jerarquía expresado como ciudad-pueblo-rancho (Spores 1972:177). El valle de Nochixtlan se identifica como una región equística, es decir, un área geográficamente delimitada que a través de los años ha desarrollado un modo particular de vida organizado dentro de esos límites naturales, expresado como un sistema de asentamientos humanos interrelacionados (Spores 1972:180).

En el valle de Tamazulapan esta fase fue un periodo de cierta estabilidad. La población creció lentamente y se formalizó el sistema de rango y administración que empezó en la fase anterior y continuó para la fase Las Flores (Byland 1980:143).

En el área de Tilantongo-Jaltepec la fase Ramos se divide en dos periodos: el Temprano (500-300 a.C.) se caracteriza por el desarrollo continuo de villas agrícolas con una emergente complejidad política, pero aún no se distingue un sitio que sobresalga de los demás (Byland y Pohl 1994:51). Durante el periodo Tardío (300 a.C.-300 a.C.) se dio un gran desarrollo en el que se distingue el sitio de Monte Negro como un centro regional y varios sitios pequeños que ya cuentan con arquitectura de montículos. Esto sugiere una estratificación de sitios y de la gente que habitaba en ellos (Byland y Pohl 1994:52).

De igual forma, para la región de la Mixteca Alta Central la fase Ramos está representada por dos periodos: el Temprano (300-150/100 a.C.) se distingue principalmente por el abandono de la mayoría de sitios correspondientes a la fase Cruz Tardío, por el establecimiento de nuevas villas y pueblos fortificados en las cimas de los cerros y por un crecimiento general de población. Las subregiones más importantes fueron Dzinicahua, Huamelulpan, Teposcolula y Jazmín (Kowalewski, Balkansky, et al. 2009:299).

Para el periodo Tardío (150/100 a.C.-200 d.C.) la mayoría de las subregiones fueron abandonadas, en general la población se redujo a casi la mitad. Este abandono regional, consolidación y centralización fue parte de un gran proceso macroregional en Oaxaca y más allá de éste. Los únicos lugares significativos estuvieron alrededor de Dzinicahua, Yucuita y Huamelulpan. Éste último alcanzó su máxima extensión en esta fase y debió haber sido la capital política y económica de la Mixteca Alta (Kowalewski, Balkansky, et al. 2009:304).

Para la fase Ramos se observa que la Mixteca Alta tiene contacto principalmente con los Valles Centrales de Oaxaca. Sin embargo, esta relación se da a través del comercio y parece ser un periodo de desarrollo de relativa independencia para la región (Byland 1980:143; Kowalewski, Balkansky, et al. 2009:335; Spores 2007:29).

Los asentamientos representativos, considerados de primer orden para este periodo, son: Monte Negro en Tilantongo, Huamelulpan, Yucuita y Cerro Jazmín en el Valle de Nochixtlan y Yuku Chayu en Chalcatongo. Aunque estos centros difieren por su extensión y monumentalidad con los descritos para el área de Tlaxiaco, es importante conocer sus características porque esto nos permitirá establecer algunas correspondencias y diferencias entre ellos para abordar la problemática sobre la organización social.

Monte Negro se localiza en la cima de una meseta al sur del municipio de Santiago Tilantongo y ocupó un área de 77.8 ha (Kowalewski, Balkansky, et al. 2009:69-70). Se integra de dos conjuntos arquitectónicos y en sus alrededores hay pequeñas plataformas y terrazas que indican lugares de habitación. Un elemento característico es su calzada de alrededor de 100 m de largo que cruza la ciudad (Acosta y Romero 1992), la cual conecta varios centros ceremoniales dentro del sitio (Geurds y Jansen 2008:415).

Con base en la extensión del área de ocupación se calcula una población entre 2100 y 5212 personas aproximadamente (Kowalewski, Balkansky, et al. 2009:71). Algunos investigadores lo asocian más con un puesto fronterizo entre los Valles Centrales de Oaxaca y la Mixteca (Flannery 1983; Spores 1984), aunque también se interpreta como un lugar sagrado con base en su ubicación, el paisaje, la información en los códices y la tradición oral contemporánea (Geurds 2007).

El sitio de Yucuita se encuentra en el extremo norte del valle de Nochixtlan, en el pueblo de San Juan Yucuita. Ocupa la cima de un cerro de forma cónica y una loma que se extiende del cerro hacia el sur, su extensión aproximada fue de 300 ha. Este sitio fue un centro urbano complejo con varias dependencias y barrios, además de buenas tierras para cultivo (Spores 2007:19-21). Durante la fase Ramos se estima que estuvo habitado por 2500 personas, lo que representó el 45% del total de la población de todo el valle (Plunket 1983:360). Con base en trabajos de excavación se identificaron dos tipos de unidades domésticas: el primero consiste en una o dos estructuras residenciales con un patio y pozos de almacenamiento y el segundo, de mayor tamaño y complejidad, son casas de forma cerrada con cuartos que rodean un patio (Winter 1982:13).

Huamelulpan se localiza en una serie de elevaciones con una longitud de 1500 m en un pequeño valle. Se conforma de al menos 20 montículos y por su estructura se piensa que fue un centro generador de transformaciones importantes, como una mayor complejidad política, social e ideológica (Gaxiola 1984 y Spores 2007). El complejo urbano se compone de cinco grupos orientados de Oeste a Este: 1) Cerro Volado, 2) Panteón, 3) Iglesia Vieja, 4) Poniente de la Iglesia y 5) Iglesia (Gaxiola 1984). Cerca de cada grupo se ubican zonas residenciales y alrededor de éstas se obserban habitaciones de menor estatus (Balkansky 1998:50). La extencion aproximada del sitio fue de 205 ha y la población estimada es entre 8,000 y 17,000 personas (Kowalewski, Balkansky, et al. 2009:169). En el grupo de Cerro Volado se identificaron terrazas amplias que pudieron haber tenido espacio para actividades domésticas y agrícolas (Kowalewski, Balkansky, et al. 2009:170-171).

Gracias a los trabajos de mapeo, recorrido y excavación, se sabe que Cerro Jazmín fue un centro urbano de 86 ha. que tenía entre 4864 y 9728 habitantes, con una traza urbana linear, compleja y multifocal (Pérez, Andereson, et al. 2011). Para la fase Ramos el sitio se compone de tres áreas monumentales: la de La Cima, Patios Hundidos y Tres Cerritos, alrededor se ubicaron las unidades residenciales y habitacionales (Pérez, Andereson, et al. 2011). Varios de los conjuntos monumentales y residenciales estuvieron interconectados por una red compleja de caminos, una escalera monumental y terrazas, lo que sugiere que hubo una gran distribución de las actividades cívico-ceremoniales (Pérez 2017).

Los festines fueron una de las estrategias para conformar y reforzar el emergente centro urbano que después se estableció como ciudad, como un sitio importante a nivel regional. Estos festines ayudaron políticamente a las élites y comuneros a dejar de focalizarse en el Valle de Oaxaca y a poner más atención en su región y en las del norte (Pérez, Martínez, et al. 2017).

Yuku Chayu se localiza hacia el norte de la comunidad actual de Chalcatongo de Hidalgo. Este sitio ocupa la mayor parte de un cerro; su área central tiene una extensión aproximada de 34 ha y está conformada por cuatro conjuntos arquitectónicos contiguos: *Jaha Ñuu* (los Pies del Pueblo), *Jika Ñuu* (el Pecho del Pueblo), *Ini Ñuu* (el Corazón del Pueblo) y *Shini Ñuu* (la Cabeza del Pueblo). Alrededor del área central hay varias terrazas habitacionales, y en el extremo noreste del cerro, aprovechando una cañada, se observa un extenso koo yuu (lama-bordo). Yuku Chayu funcionó como Shini Ñuu (Cabecera) de los *Ndaha Ñuu* (manos del pueblo) o Pueblos Pequeños que se localizaron en su cercanía (Jiménez y Posselt 2018:490-493).

Estos asentamientos funcionaron como cabecera en sus respectivos valles y representaron un cambio en la organización político-social que se caracterizó por una relación de interdependencia entre éstos y los asentamientos menores que los circundaban. Ambos formaron agrupamientos que constituyeron diferentes unidades políticas durante la fase Ramos. Cabe señalar que este tipo de organización a nivel de valle corresponde con el de un sistema centralizado, mientras que las cabeceras presentan una organización interna descentralizada expresada en los diferentes conjuntos arquitectónicos, tal como se describió.

Alternando con estos centros mayores también existen para este periodo otros sitios clasificados como de segundo orden. Entre estos están San Mateo Etlatongo, Yatachio en Tamazulapan, Diquiyu, Yucuncu en Chalcatongo, Ñutanda en San Miguel el Grande, Cañada Zapote en Coixtlahuaca, Cerro Encantado y Cerro Tambor en Tlaxiaco (Spores 2001, 2007).

5

La Arqueología del Paisaje

5.1. La Arqueología del Paisaje desde el Postprocesualismo

La relación entre los asentamientos y el entorno natural es fundamental en la investigación arqueológica y ha sido estudiada desde diferentes perspectivas. Una de las primeras corrientes teóricas en puntualizar esta relación fue la Ecología Cultural propuesta por Julian Steward, quien señaló que las culturas no se relacionan simplemente unas con otras sino también con el entorno (Renfrew y Bahn 1998:35).

Más adelante David Clarke establece la Arqueología Espacial, que se interesa por la estructura espacial del sistema, la manera en que los elementos están localizados en el espacio y la interacción con el medio ambiente (1977:9-10). Otra propuesta fue el Análisis del área de Captación de un Sitio (Site Catchment Analysis) elaborado por Vita-Finzi, que consiste en el establecimiento de un área de captación que circunda a un sitio, contemplando los recursos que pudieron ser explotados con la tecnología de ese momento (1978:25-30).

A estas primeras formas de entender el entorno se sumó la Nueva Arqueología desarrollada por Binford, quien propuso ver a la arqueología como una ciencia rigurosa que buscara explicar los cambios del pasado. Para su interpretación planteó la aplicación del método hipotético deductivo e hizo especial énfasis en el uso de métodos cuantitativos, lo cual implicaba una generalización (Binford 1968).

En las décadas de los 70's y 80's se generaron nuevas teorías, como la postprocesual, que con un enfoque cognitivo trata de ampliar el campo de la arqueología procesual resaltando aspectos sociales y cognitivos (Renfrew y Bahn 1998:425-426 y Shanks 2007:133). El postprocesualismo critica a las corrientes teóricas anteriores y en especial al evolucionismo por la generalización de sus leyes explicativas de los procesos humanos, su carácter dogmático, su determinismo funcional, su falta de atención a los aspectos ideológicos y simbólicos de las sociedades y su distanciamiento de las ciencias humanas como la Historia (Renfrew y Bahn 1998:446 y Shanks 2007:134).

Bajo el postprocesualismo se generan arqueologías que hablan del paisaje como un ámbito cultural de experiencias y significados. Éstas critican fuertemente a los primeros enfoques que consideran al entorno natural como algo externo al asentamiento, con el que se establece una relación de explotación por parte del ser humano y en donde el entorno lo provee de recursos para su supervivencia, desarrollo y adaptación. Criado señala, por un lado, que el espacio era visto como funcionalista, empírico y moderno y, por otro lado, que la naturaleza era entendida como enemiga o contraria de la cultura; un paso previo para declararle la guerra, explotarla y producir más y más. Estas consideraciones reducen al espacio y a la naturaleza a un concepto de territorio (1993:13).

Por su parte, en vez de hablar de sistemas sociales o totalidades sociales, las arqueologías postprocesuales resaltan la necesidad e importancia en los sujetos sociales, pensantes, corpóreos, sensitivos y que viven experiencias (Shanks 2007:136). Es en este contexto en el que surge la Arqueología del Paisaje como una propuesta para estudiar la espacialidad humana en arqueología; representa una nueva forma de abordar el entorno natural en los estudios arqueológicos (Criado 1999:1).

Así, la Arqueología del Paisaje entiende al entorno como parte integral de los asentamientos y considera que, de manera conjunta con los elementos construidos, dan forma a un paisaje. Estudia las relaciones que se establecen entre el ser humano y el entorno, atendiendo a aspectos simbólicos, históricos, culturales y económicos, entre otros. Estas relaciones se entienden en un ámbito de reciprocidad o correspondencia, más allá de uno de explotación.

Ingold señala que el paisaje no debe ser entendido como tierra (homogénea y cuantitativa), naturaleza (lo externo, una dicotomía entre hombre y naturaleza), ni espacio (medidas y distancias entre puntos) sino como algo cualitativo y heterogéneo. En este entendimiento cada componente envuelve la totalidad de sus relaciones con los demás, asimismo, cada lugar que lo conforma representa un todo y debe sus características a las experiencias que permite a quienes viven en él. Este concepto de paisaje pone énfasis en la forma más que en la función (1993:153-157).

Con lo expuesto, vemos que la Arqueología del Paisaje no nace de manera espontánea sino que ha sido influida por pensamientos derivados de la Nueva Arqueología y la Arqueología Espacial (de la escuela anglosajona), la Arqueología del mundo rural y la Arqueología Histórica (de la escuela francesa), además de nuevas propuestas a partir de la visión actual del conductismo y de la geografía de la percepción (Orejas 1991:204). La Arqueología del Paisaje no consiste en realizar estudios desde diferentes ángulos sino de integrarlos desde una nueva y propia forma de trabajo (Orejas 1991:213).

En cuanto a los estudios de patrón de asentamiento y paisaje vemos que en las últimas décadas han promovido la aceptación de perspectivas menos normativas sobre el cambio cultural y la diversidad (Feinman 2015:656). Por ejemplo, en estudios mayas sobre asentamientos y paisajes se propone entender a este último de una forma amplia, como un entorno abrazador de asentamientos y actividades y experiencias humanas. Asimismo, se hace énfasis en que las fronteras entre lo construido y lo natural continuamente son borrosas, incluso están ausentes, por lo que es necesario ampliar los parámetros de las investigaciones para hablar de asentamientos y paisajes de forma integral (Ashmore 2004).

También cabe mencionar que la Arqueología del Paisaje ha sido fuertemente criticada desde los estudios de patrón de asentamiento, refiriéndose a ella como sombrilla que está de moda o como un cajón de basura (Kowalewski 2008:253). Otros señalamientos menos subjetivos que se le hacen son que esta arqueología no es de una sola forma, que no tiene teoría ni tampoco una metodología clara y que, por lo tanto, una investigación sobre patrón de asentamiento no debería formularse desde este enfoque (Kowalewski 2008:25).

Sin embargo, esta crítica no toma en cuenta que desde el postprocesualismo no se puede concebir una única forma de hacer Arqueología, en este caso del Paisaje, la práctica tiene que ser diversa y plural para evitar el determinismo generalizador que se vio asociado con los tipos de la evolución de la cultura (Shanks 2007:135). Nosotros hemos señalado que el evolucionismo ha elaborado una narrativa base en la arqueología de Mesoamérica y de la Mixteca, la cual se refleja en la línea cronológica que marca la sucesión de periodos culturales: cazadores, recolectores, aldeas, centros urbanos y estados. Esta forma narrativa crea una historia que desconecta el presente y el pasado de los Pueblos Originarios, que deja de lado mucha evidencia y a diferentes actores. Por tal motivo, en vez de la línea cronológica proponemos seguir la Línea de Vida, una alternativa más para entender el pasado precolonial (Jiménez y Posselt 2018:37-39). El tener diversas realidades y alternativas teóricas nos llevan a un entendimiento plural del pasado.

De esta forma, la arqueología postprocesual no busca un sólo pasado o significado sino múltiples. Su interés por explorar el significado de las cosas no es sobre atribuir significado sino es un proceso de entendimiento, dar sentido o entender las condiciones bajo las cuales los significados fueron establecidos (Shanks 2007:138-139). También busca redefinir la evidencia material como el resultado de actitudes y relaciones humanas, las cuales eran determinadas a través del estudio de la relación entre la estructura y el proceso, la norma social y la variabilidad, lo ideal y lo material, para así poder comprender el contenido de los significados históricos y sociales considerados (Hodder 1985:1-5).

Así, en este marco es en el que posicionamos nuestro estudio y a continuación presentaremos el enfoque y la metodología que seguimos para entender el patrón de asentamiento y la organización social del valle de Tlaxiaco durante la fase Ramos.

5.2. Conceptos teóricos para el estudio de Paisajes

En la presente investigación se retomó la Arqueología del Paisaje propuesta por la Escuela Española, creada y desarrollada a través del Instituto de Estudios Gallegos Padre Sarmiento en conjunto con la Universidad de Santiago de Compostela en 1993 (Criado Boado, Barreiro, et al. 2008). Esta Arqueología intenta acceder al sentido original del registro arqueológico a partir de que presupone que la reproducción de las condiciones de observación lo permiten (Criado 1999:7).

Para la Escuela Española la Arqueología del Paisaje (ArPa) representa una forma particular de estudiar el contexto arqueológico ya que, partiendo de una visión integral del hombre y su entorno, propone una descripción objetiva del contexto con la finalidad de esbozar el sentido de la sociedad que lo creó. Esta teoría plantea la interrelación entre cultura, sociedad y espacio, entre sistemas de pensamiento, formaciones económico-sociales y paisaje (Criado 1991:6).

La diferencia entre la Arqueología del Paisaje y otras estrategias que combinan arqueología y paisaje, como la Arqueología Espacial o Ecológica radica principalmente en que esta última tiene una noción simplificada de la realidad que no considera la dimensión no visible, es decir, se olvida de las dimensiones sociales y culturales de los fenómenos, en sí de aquellas dimensiones que no tienen un carácter efectivo y físico concreto. Asimismo, difiere en la concepción del paisaje, que es entendido como una realidad ya dada (Criado 1999:5). La Arqueología del Paisaje redefine el concepto de *paisaje* y lo entiende como:

> "el producto socio-cultural creado por la objetivación, sobre el medio y en términos espaciales, de la acción social tanto de carácter material como imaginario. Esta acción social está constituida tanto por las prácticas sociales (ie., la acción social de carácter intencional…) como por la vida social misma (ie., la acción social no intencional…)" (Criado 1999:5).

El paisaje como producto social se conforma de la conjunción de tres dimensiones:

1. El espacio[1] en cuanto entorno físico o matriz medioambiental de la acción humana.
2. El espacio en cuanto a entorno social o medio construido por el ser humano y sobre el que se producen las relaciones entre individuos y grupos.

---
[1] Espacio se entiende como "una construcción social, imaginaria, en movimiento continuo y enraizada en la cultura, existiendo una estrecha relación estructural en las estrategias de apropiación del espacio entre pensamiento, organización social, subsistencia y concepción-utilización del medio ambiente… la categoría abstracta de espacio se substituye por otra más contextual: el paisaje…" (Mañana, Blanco, et al. 2002:18).

3. El espacio en cuanto entorno pensado o medio simbólico que ofrece la base para desarrollar, y comprender la apropiación humana de la naturaleza (Criado 1999:9).

Bajo este enfoque, la *Arqueología* se entiende como una disciplina que busca interpretar, a través del registro arqueológico, la integración de la cultura material dentro de los procesos socioculturales de construcción de la realidad. Asimismo, la investigación se ve como el proceso mediante el cual se crean, en la cotidianidad de la práctica arqueológica, nuevas experiencias y formas de ver los datos (Criado 1993a:254-256). La *Arqueología del Paisaje* se define como:

> una estrategia de investigación que comprende el estudio de todos los procesos sociales e históricos en su dimensión espacial o, mejor, que pretende reconstruir e interpretar los paisajes arqueológicos a partir de los objetos que los concretan...se trata de pensar el registro arqueológico y la cultura material desde una matriz espacial y, simultáneamente, de convertir al espacio en objeto de la investigación arqueológica (Criado 1999:6).

De manera general, la Arqueología del Paisaje se centra en el estudio de un tipo específico de producto humano -el paisaje- que utiliza una realidad dada -espacio físico- para crear una realidad nueva -espacio social- de acuerdo a un orden imaginado -espacio simbólico: sentido, percibido, pensado- (Criado 1999:7).

El planteamiento de esta teoría parte de tres implicaciones referentes al espacio:
1. La construcción del espacio corresponde con un determinado sistema de saber, que es compatible con la organización socioeconómica y con la definición de individuo vigente en un determinado contexto.
2. Reconocer que el espacio no es una entidad ya dada, estática y meramente ecológica sino también una construcción social, imaginaria, en movimiento continuo y enraizada con la cultura.
3. Tener en cuenta que el concepto de espacio dentro de nuestra cultura está determinado por nuestro sistema de saber-poder. Por tal motivo, no puede ser utilizado sin más para esbozar reflexiones sobre el espacio en culturas diferentes a la nuestra (Criado 1991:7).

Considerando que el paisaje es la objetivación de una intención, sentido y racionalidad previa que se actualizan en elementos formales concretos y que, como tal, esos elementos deben representar de algún modo los contornos de aquella racionalidad, esta arqueología propone desarrollar una descripción del paisaje que lo deconstruya y permita aislar los elementos y relaciones formales que lo constituyen (Criado 1999:9).

Los términos *intención*, *sentido* y *racionalidad* son complementarios y se relacionan entre sí: por racionalidad se entiende el modelo de pensamiento de una determinada formación social; por sentido, el contenido simbólico que ese modelo confiere a las cosas y por intención, el uso estratégico de los sentidos por parte de los agentes sociales. El estudio que plantea la Arqueología del Paisaje tiene como finalidad aproximarse al sentido, que debería desprenderse de las propias formas y relaciones (Criado 1999:9).

Entonces, el análisis de los paisajes arqueológicos constituye una práctica deconstructiva que intenta reconstruir el objeto de estudio a través de sus propias normas y sin introducir un sentido ajeno a él. Para el estudio de estos se debe reconocer que "el paisaje se manifiesta en productos materiales de distintas escalas (monumentos, construcciones, herramientas, cacharros, decoración, tatuajes, etc.) y presenta múltiples niveles de articulación espacial, desde el entorno natural hasta el personal" (Criado 1999:9).

El análisis de las diferentes manifestaciones del paisaje permite plantear una *regularidad espacial*. Ésta es entendida como un patrón común de organización espacial que responde a un determinado *código espacial*, que es el conjunto de principios estructurales y normas a partir de los cuales se concretan los sistemas de representación espacial y se relacionan entre sí (Criado 1999:10-11).

Con lo anterior, el planteamiento de la Arqueología del Paisaje consiste en comparar entre sí los modelos formales de organización del espacio que se desprenden del estudio de diferentes códigos arqueológicos (Criado 1999:13). El método que propone integra un análisis formal, una etapa deconstructiva, una etapa descriptiva y una etapa interpretativa (Criado 1999:15 y 19).

5.3. Metodología

La metodología desarrollada por este enfoque parte de la idea que para descubrir el sentido de los elementos culturales que constituyen el paisaje social sería suficiente con definir los procesos que lo producen. Esto porque a partir de los procesos se configura la cultura material arqueológica y, por lo tanto, se pueden estudiar por medio de una deconstrucción de los elementos arqueológicos (Criado 1999:17).

Al aplicar esta metodología se deben tener en cuenta los siguientes planteamientos:

1. El análisis del registro arqueológico debe partir de la definición de su contexto espacial (actual y original).
2. Al momento de llevar a cabo el análisis se debe realizar un acercamiento para comprender las características formales de los diferentes niveles espaciales de las prácticas sociales, para ver si comparten los mismos códigos de organización espacial.
3. El análisis formal permite deconstruir (primero) y describir (después) los fenómenos considerados, sin introducir un sentido ajeno a él.
4. El contexto original se puede reconstruir buscando relaciones espaciales significativas entre los elementos

que conforman el registro arqueológico y otros niveles de su misma formación social.

5. El contexto espacial actual se puede utilizar para interpretar el sentido original del registro arqueológico mediante analogías débiles[2], realizadas a partir del entorno físico o paisaje tradicional en el que aparecen (Criado 1999:17).

En el estudio que realizamos, el primer planteamiento corresponde con la descripción del entorno natural en el que están inmersos los ocho sitios de Tlaxiaco. El segundo se enfoca en la composición interna del sitio El Alvarado, en la que se distinguen como niveles espaciales: su arquitectura, la pintura rupestre El Chivato y los elementos arquitectónicos y naturales que intervienen en el tránsito y la visualización, asimismo, se consideran las características generales de los otros asentamientos. La descripción formal de estos niveles es el tercer planteamiento.

Finalmente, los planteamientos cuatro y cinco se desarrollan de la siguiente manera: a partir de la descripción de los diferentes niveles espaciales de El Alvarado se establecen las relaciones existentes entre ellos (a nivel de sitio) y con los otros sitios (a nivel de valle), teniendo como finalidad la reconstrucción del contexto original (organización social). Para los diferentes análisis se toman como referencia, además de la evidencia arqueológica, la información proveniente del entorno natural y ejemplos arqueológicos de otras áreas en la región. En menor medida se consideran los códices, las fuentes históricas y la narrativa oral, asimismo, para algunas descripciones se utilizarán términos en mixteco.

La Arqueología del Paisaje plantea una estrategia de intervención definida como *Arqueología Blanda*. En ésta se consideran los recursos que son poco agresivos sobre el registro arqueológico, como: prospección, análisis físico-químicos, fotointerpretación, análisis cartográfico, análisis de materiales de superficie, análisis de perfiles y sondeos selectivos dentro del marco de la arqueología del paisaje. Esta estrategia surge en respuesta al lugar privilegiado de la excavación en comparación con otras técnicas igual de importantes como lo es la prospección (Criado 1993a:256). Esta última, desde el punto de vista intensivo, es considerada por la Arqueología del Paisaje como una observación detenida del paisaje con el fin de localizar restos de yacimientos pretéritos, siendo igual de importante o más que la recuperación de información arqueológica, el registro de las condiciones ambientales y de las características generales del terreno más allá de los meros yacimientos (Criado, Rodríguez, et al. 1991:49).

Para los objetivos que se persiguen es necesario, además, un estudio que parta de los propios sitios, es decir, que contemple su espacio construido. Para ello tomaremos de referencia los análisis propuestos por la Arqueología de la Arquitectura, la cual se desprende directamente de la Arqueología del Paisaje[3]. Esta arqueología se aplica a construcciones históricas, sin embargo, pensamos que las herramientas de análisis que ofrece son de gran utilidad para el estudio de cualquier sitio arqueológico con arquitectura, como el que realizamos. En este caso deben considerarse algunas modificaciones pertinentes dentro de los análisis, debido a que la evidencia de los asentamientos prehispánicos es un tanto fragmentaria en comparación con la histórica.

De tal forma, conjuntando ambas metodologías, realizamos un análisis del sitio "El Alvarado" así como del Valle de Tlaxiaco. A continuación presentaremos, en primer lugar, las herramientas metodológicas desarrolladas por la Arqueología del Paisaje y, en segundo, aquellas planteadas por la Arqueología de la Arquitectura.

Los análisis que se proponen como parte de la metodología de la Arqueología del Paisaje pueden ser muy variados y apoyarse en distintas disciplinas auxiliares. Sin embargo, se le da prioridad a aquellos que se manejan de primera mano y cuyo desarrollo y aplicación es más personal, en donde la interacción cotidiana del investigador con el paisaje es fundamental. Estas técnicas se centran principalmente en cinco análisis que se relacionan entre sí, y aunque se describen de forma separada, en realidad operan juntas (Criado 1999:18). Estos son:

1. Análisis formal o morfológico: hace referencia al análisis de las formas materiales concretas que constituyen el paisaje, tanto las naturales (elementos geográficos) como las artificiales (elementos de cultura material, monumentos etc.), sin introducir un sentido extraño a ellas (Criado 1999:20).

2. Análisis fisiográfico: es una variedad del análisis formal aplicado exclusivamente al relieve[4] y a escala de detalle (Criado 1999:18). Éste supone la capacidad de abstraer las figuras fisiográficas del relieve para identificar su forma geométrica, con base en el número de planos que las constituyen y por su configuración prominente (convexa) o deprimida (cóncava). Así, se identifican trece figuras fisiográficas agrupadas en tres conjuntos: 1) Formadas por un sólo plano: llano, ladera, vertiente, rellano y collado, 2) Formadas por tres o más planos y con configuración prominente: colina, cerro, dorsal y espolón y 3) Construidas por tres o más planos pero con configuración deprimida: cuenca, barranco, cubeta y hondonada (Criado 1999:29-30).

El análisis fisiográfico es fundamental para el estudio del emplazamiento de un yacimiento arqueológico y de

---

[2] Con analogía débil se refiere a una relación de semejanza entre dos o más fenómenos que en vez de ser utilizada para establecer una correspondencia positiva o continuidad entre ellos, sirve para percibir aspectos de uno de ellos (el menos conocido) a partir de su contraposición con los otros (Criado 1999:12).

[3] Esta afirmación se especifica dentro de la Arqueología de la Arquitectura (Mañana, Blanco, et al. 2002:18).
[4] El relieve es meramente la forma física, superficial y natural de la superficie del área de estudio (Criado 1999:29).

su interacción con el entorno. Para analizar el patrón de emplazamiento se deben definir tres aspectos básicos: figura fisiográfica sobre la que se sitúa el yacimiento, su posición puntual dentro de ella y su orientación (Criado 1999:30).

3. Análisis de tránsito: se realiza para identificar la vías de comunicación predefinidas naturalmente y utilizadas o utilizables por los grupos humanos (Criado 1999:18). "Hablar del tránsito, y no de caminos, quiere decir que lo que se trata de examinar es la relación de los elementos arqueológicos con el movimiento y con la geografía de la movilidad" (Criado 1999:31).

La relación entre un yacimiento y el camino refleja la interrelación del primero con su entorno inmediato. Es importante tener presente que un terreno contiene formas de desplazamiento práctico, las cuales están determinadas por sus características naturales que dificultan ciertos movimientos y direcciones y facilitan otros. Éstas constituyen su malla de movimiento, la que hace permeable el terreno y factible de ser humanizado (Criado 1999:31-32).

La red de tránsito de un terreno se puede identificar a través de: 1) análisis del relieve para definir las líneas naturales de tránsito, 2) análisis de las pautas de movimiento de los animales, 3) indicación de las líneas de desplazamiento y puntos de tránsito empleados por las comunidades y 4) reconocimiento de la red de caminos tradicional antigua (Criado 1999:32). Para el caso de estudio el punto dos no se tomó como referente. Los tipos de áreas de tránsito más importantes que se pueden ver en el terreno son: porto, collado, cruce, dorsal y divisoria (Criado 1999:33).

4. Análisis de las condiciones de visualización: para este punto se parte de la idea de que en el contexto arqueológico se involucra la voluntad de hacer visible o no, a nivel social, un proceso y sus resultados. Asimismo, que las condiciones de visibilidad de estos son la objetivación de la concepción espacial de la sociedad que los originó (Criado 1993b:93). Esta voluntad se expresa principalmente en cuatro estrategias de visibilización:

1. de carácter inhibidor: cuando no existe un interés por destacar u ocultar conscientemente la presencia de la acción social y sus resultados.
2. de ocultación: en donde existe una estrategia consciente para no hacer visible o enmascarar la acción social y sus resultados.
3. de exhibición: es la voluntad consciente de exhibir la presencia de la acción social dentro del presente en el que se lleva a cabo, los resultados que se producen son intencionales y de dimensión espacial.
4. de monumentalización: es un tipo de la estrategia de exhibición en la que los resultados se proyectan, además, en una dimensión temporal. Pretende destacar la visibilidad de las creaciones sociales dentro del presente social y a través del tiempo. Los monumentos representativos de esta estrategia pueden ser naturales[5] (rocas, accidentes topográficos como cerros, cuevas, etc.) o construcciones artificiales (Criado 1993b:47 y 48).

Así el análisis de visualización incluye el estudio de la *visibilidad* (panorámica que se domina desde un yacimiento), de la *visibilización* (forma como un elemento arqueológico es visto) y de la *intervisibilidad* (relación visual entre ese elemento y otros, sean o no arqueológicos) (Criado 1999:18). Con el primer estudio se definen las panorámicas[6] y cuencas[7] visuales desde el yacimiento, se establece su orientación e individualizan los elementos más visibles. El análisis de la visibilización complementa el anterior e incluye registrar desde dónde se ve un yacimiento dado, esto para definir si hay puntos prioritarios de vista o no, en este caso es necesario precisar si el yacimiento se identifica desde lejos (percepción puntual) o si únicamente se percibe la zona o unidad fisiográfica en la que se encuentra (percepción zonal) (Criado 1999:33-34).

Esta última es de gran importancia, ya que "existen elementos naturales que poseen una gran visibilización, lo que permite que sean divisados a kilómetros de distancia y, tal vez como consecuencia de ello, han sido reutilizados para emplazar sobre ellos elementos arqueológicos..." (Criado 1999:34).

5. Análisis de terrenos y análisis topográfico o geográfico: el primero hace referencia a las características físicas naturales de la zona de estudio, como son: relieve, hidrografía, suelos, vegetación, etc. El segundo, además de incluir al primero, considera los efectos y rasgos interferidos por el hombre (Criado 1999:18 y 29).

Una vez enumerados los procedimientos descritos por la Arqueología del Paisaje continuaremos con los propuestos por la Arqueología de la Arquitectura. Como se verá, ésta se enfoca en aspectos similares (entorno natural, tránsito y visualización) pero direccionados al espacio construido.

Desde este enfoque, la arquitectura se entiende como la manipulación que el hombre realiza de un espacio dado mediante técnicas constructivas que cambian a través del tiempo debido a factores sociales, culturales y económicos. Es el resultado de una idea colectiva de una sociedad que por lo mismo es comprensible dentro de ella, está directamente relacionada con el uso y concepción del espacio así como con los esquemas de pensamiento de esa sociedad (Mañana, Blanco, et al. 2002:14). Ésta debe entenderse como un objeto simbólico, ya que transmite un mensaje dentro del ámbito espacial de la vida cotidiana, es un significante que transmite significados culturales (Mañana, Blanco, et al. 2002:17). De tal forma, una de

---

[5] Estos son incorporados dentro del pensamiento del grupo ya que se les otorga un valor social específico. Debido a que por su propia naturaleza son visibles espacial y temporalmente, no hay un motivo para no considerarlos monumentos (Criado 1993b:48).
[6] Vistas que se tienen desde posiciones prominentes.
[7] Vistas que se tienen desde posiciones deprimidas.

las finalidades de esta Arqueología es inferir conclusiones históricas de los datos que se obtienen de su aplicación al estudio del edificio, desde su secuencia cronológica hasta su significado (Mañana, Blanco, et al. 2002:23-24).

El estudio del registro arquitectónico parte de un **análisis formal**, con el objetivo de definir tanto la forma del elemento como su organización. Éste se centra en dos tipos de técnicas:

1. Análisis estratigráfico: para identificar los distintos momentos de un yacimiento y los cambios formales a lo largo de su vida. El proceso de trabajo incluye: identificación y descripción del elemento, sus relaciones estratigráficas, una interpretación, haciendo referencia a su función y temporalidad, y las referencias a otros elementos en relación con la unidad (Mañana, Blanco, et al. 2002:33).

2. Análisis espacial: consiste en la descripción formal de los distintos niveles espaciales que influyen en la configuración concreta del espacio arquitectónico, tratando de identificar la forma genérica de la que partió. Éste incluye dos ámbitos: el que implica al elemento construido hacia el exterior, es decir, su relación con el entorno (emplazamiento, relación con otros espacios construidos) y el que analiza las formas y relaciones del propio espacio construido (análisis formal de cada componente arquitectónico) (Mañana, Blanco, et al. 2002:33-34). Este análisis se aplicará al interior del sitio, considerando como componentes arquitectónicos a cada espacio que lo conforma (central, habitacional y de cultivo).

Con base en las interrelaciones que se observan entre los espacios definidos por la arquitectura se tienen tres factores organizativos: modos de relaciones espaciales, formas de organización espacial y principios organizadores espaciales; cada uno con sus divisiones (Mañana, Blanco, et al. 2002:34). El análisis de los factores organizativos se realizará para cada área y entre ellas.

Análisis de percepción: implica estudiar la relación vivencial del ser humano con las construcciones que usa o construye. Con esto se pretende acceder al pensamiento que da forma a la organización de las estructuras y de los espacios construidos, ya que considera que estos son diseñados y llevados a cabo con el objetivo de generar ciertas percepciones. Dos acciones que se relacionan con ésta son: el movimiento y la percepción visual (Mañana, Blanco, et al. 2002:36).

1. Análisis del movimiento: estudia las relaciones del espacio en una construcción por medio de la circulación entre ellas y su significado social. En éste se emplean dos técnicas:

1. Análisis de circulación: una forma de percibir el espacio construido es por medio del movimiento hacia él, el recorrido para aproximarse y para pasar de un espacio a otro dentro del edificio; tiene como base el movimiento del individuo en una construcción (para la presente investigación, la construcción está representada por el sitio El Alvarado). En este análisis hay que considerar la aproximación a la construcción o visión a distancia, el acceso o entrada al espacio interior y la identificación de la dirección y sentido que adquiere la circulación, movimientos que están influidos por los elementos arquitectónicos (Mañana, Blanco, et al. 2002:37).
2. Análisis gamma: se basa en el movimiento a través de los espacios (en este caso los espacios serán las tres áreas reconocidas en el sitio), cuantificando las profundidades y permeabilidades (facilidad de acceso) y valorando el grado de dependencia de unos espacios respecto a otros. Con estos análisis se pueden descubrir las relaciones sociales que mantienen los individuos que habitan una estructura y entre estos y los foráneos a ella (Mañana, Blanco, et al. 2002:37-38).

2. Análisis de la percepción visual: consiste en identificar el orden perceptivo que se tiene en una construcción, considerando que la percepción espacial de una construcción está influida por las cualidades lumínicas, cromáticas, acústicas, de texturas y vistas de los distintos espacios; en estas últimas se centrará el análisis visual de este trabajo. Incluye dos tipos de análisis:

1. Análisis de visibilidad: se realiza con base en la situación del individuo que observa, considera la percepción del espacio en movimiento. Asimismo, se estima la percepción del espacio dentro y entre las estructuras, definiendo espacios privados y públicos según el grado de su exposición a la vista (Mañana, Blanco, et al. 2002:38). Al igual que el tránsito, la percepción se analizará desde las tres áreas del sitio.
2. Análisis de visibilización: para identificar el orden y organización perceptiva de un espacio construido, valorando su percepción de manera estática. Toma en cuenta cómo se ve una construcción (características propias como altura, forma, ubicación, decoración, elementos constructivos, etc.) y cómo se ve ésta en relación a su entorno (físico y construido) (Mañana, Blanco, et al. 2002:38-39).

Es a partir de este marco conceptual y de los análisis descritos que se planteó el desarrollo de la presente investigación. La metodología propuesta por la Arqueología de la Arquitectura se aplicará específicamente en el sitio arqueológico El Alvarado y posteriormente se proyectará al resto de los sitios. Los análisis expuestos por la Arqueología del Paisaje se realizan considerando los ocho asentamientos de la fase Ramos inmersos en el Valle de Tlaxiaco.

De tal forma, al aplicar estos análisis concretamente al área de estudio perseguimos tres objetivos:

1. Realizar un estudio formal del espacio natural y construido que conforman el Valle de Tlaxiaco. El primero se hará a partir de los análisis geográfico y fisiográfico y el segundo se realizará considerando las características que distinguen a cada uno de los ocho

asentamientos de la fase Ramos (300 a.C.-300 d.C.). La finalidad de este estudio es conocer, a través de la interacción de la sociedad con el entorno, el patrón de asentamiento en este valle.
2. Hacer un estudio del sitio El Alvarado, atendiendo a los elementos arquitectónicos, la pintura rupestre y las relaciones visuales y de tránsito que lo componen y se desarrollan en su interior. El estudio de estas diferentes manifestaciones del paisaje arqueológico nos permitirá identificar una regularidad espacial que nos hable, primero, de los principios de ordenación que rigieron la distribución del sitio y, segundo, de la sociedad que lo habitó. Al mismo tiempo que se realicen estos análisis en El Alvarado se hará referencia al resto de los asentamientos, para ver si la información recuperada del primero se puede proyectar a los últimos.
3. Establecer las relaciones entre los ocho asentamientos contemporáneos del valle de Tlaxiaco, a través de los análisis de tránsito y visualización así como de la comparación de aspectos arquitectónicos.

6

La fisiografía de la región de Tlaxiaco

6.1. Figuras fisiográficas

De acuerdo con los principios desarrollados por la Arqueología del Paisaje el punto de partida en una investigación es el estudio del espacio natural. Éste ha sido previamente descrito en el apartado 3.2, dejando de lado el análisis fisiográfico que se realizará en este apartado. A través de este análisis se conocerá el relieve específico del área de estudio en donde se llevaron a cabo las diferentes relaciones humanas y, en combinación con las características que se obtuvieron de los otros análisis de terreno, se obtendrá una imagen conjunta del entorno. Ésta será la base para los análisis de tránsito y visualización que se abordarán más adelante.

Este estudio consiste principalmente en el reconocimiento de las figuras fisiográficas que constituyen el relieve, permitiendo identificar los lugares significativos. Posteriormente, con estos datos, se analizará el emplazamiento de los sitios arqueológicos con base en la figura fisiográfica en la que se encuentran, su ubicación puntal sobre ésta y su orientación.

Para la realización de este análisis nos enfocamos en la interpretación de las cartas topográficas generadas por INEGI: E14D34 Tlaxiaco (2001b), E14D35 Santiago Yolomécatl (2002), E14D44 Putla Villa de Guerrero (2001a) y E14D45 San Agustín Tlacotepec (1999b) que comprenden el área de estudio, así como en las ortofotos correspondientes: el sector f de la carta E14D34 (abril 1995d), el d de la carta E14D35 (abril 1995c), el c de la E14D44 (abril 1995a) y el sector a de la carta E14D45 (abril 1995b) y de lo observado en campo.

El área de estudio se ubica en lo que comúnmente se denomina valle de Tlaxiaco, sin embargo, con este nombre se agrupan a las diferentes figuras fisiográficas que dan forma al relieve, como: valle, ladera y vertiente (formadas por un plano); loma, cerro y dorsal (formadas por varios planos, de configuración convexa) y cañada (formadas por varios planos, de configuración cóncava) (figura 13). Al respecto cabe resaltar que en la lengua mixteca del siglo XVI (Jansen y Pérez 2009b) se tienen algunos términos que hacen referencia a estas figuras, entre ellos:

- *yodzo*: campo, tierra llana; llanura de campo; valle; vega
- *ndaa*: flaca cosa; llana cosa
- *cuchi ndica yucu*: ladera de cuesta
- *cuchi saha yucu*: ladera de cuesta
- *chisi yucu*: ladera de cuesta
- *sa caa dzahua*: barranca de río (equiparable a vertiente)
- *itnu naho yucu*: loma entre dos cerros
- *yucu*: cerro; monte; montón; sierra
- *yucu ñuhu*: bosque muy espeso; desierto; montaña
- *yucu iyo*: montaña
- *yucu isi yutnu*: serranía
- *yuvui*: quebrada entre dos montes (equiparable a cañada)
- *dzahua*: abarrancadero; barranca
- *yuvui cana*: barranca alta

Valle: se tienen tres figuras fisiográficas de este tipo, una mayor y dos pequeñas. La primera, vista desde planta, toma la forma de una V en donde el primer brazo inicia en el norte y presenta una extensión de 12 km de largo con un ancho variable entre los 0.21 km y 1 km; el segundo brazo inicia en el noreste y mide 15 km de largo con un ancho relativamente constante de 0.20 km a 0.50 km, este lado presenta cinco pequeñas ramificaciones, cuatro de ellas se extienden de sureste a noreste y la última de noreste a sur. Ambos brazos tienen su punto de intersección en el sur.

Los otros dos valles son una extensión del primero pero se encuentran separados por cañadas, uno se localiza al sureste y mide 1.5 km de largo por 0.7 km de ancho; el otro se encuentra hacia el suroeste y mide 2 km de largo por 1 km de ancho. Cabe resaltar que esta zona de valle de forma alargada y no muy ancha se debe en gran medida a la presencia de los ríos maduros antes descritos, y su altura promedio es de 2100 msnm en la parte más alta y de 2020 msnm en la parte más baja.

Ladera: debido a la topografía accidentada que distingue el área, esta figura fisiográfica es la más común y su localización está dada en función de las diferentes lomas y cerros que, al mismo tiempo, determinan su grado de inclinación. Las que rodean el valle por sus lados norte, este y sur tienen una pendiente más pronunciada que las que se encuentran en el lado oeste.

Vertiente: las vertientes más claras que se observan en la zona son las que separa el río Numí, ubicadas hacia el noroeste del valle. Estas figuras ocupan un área bastante amplia y son de pendiente pronunciada.

Loma: en el área se identifican tres concentraciones de lomas, dos de ellas muy amplias. La primera está rodeada por los brazos del valle, mide 6 km de largo por 2 km de ancho y su orientación es de noreste a sureste. La segunda se encuentra al noroeste de la primera, tiene un largo de 5 km con un ancho de 3 km y es de forma irregular, al norte y oeste limita con una zona de cerros, al este y sur con un brazo del valle y finalmente, al noroeste, con la

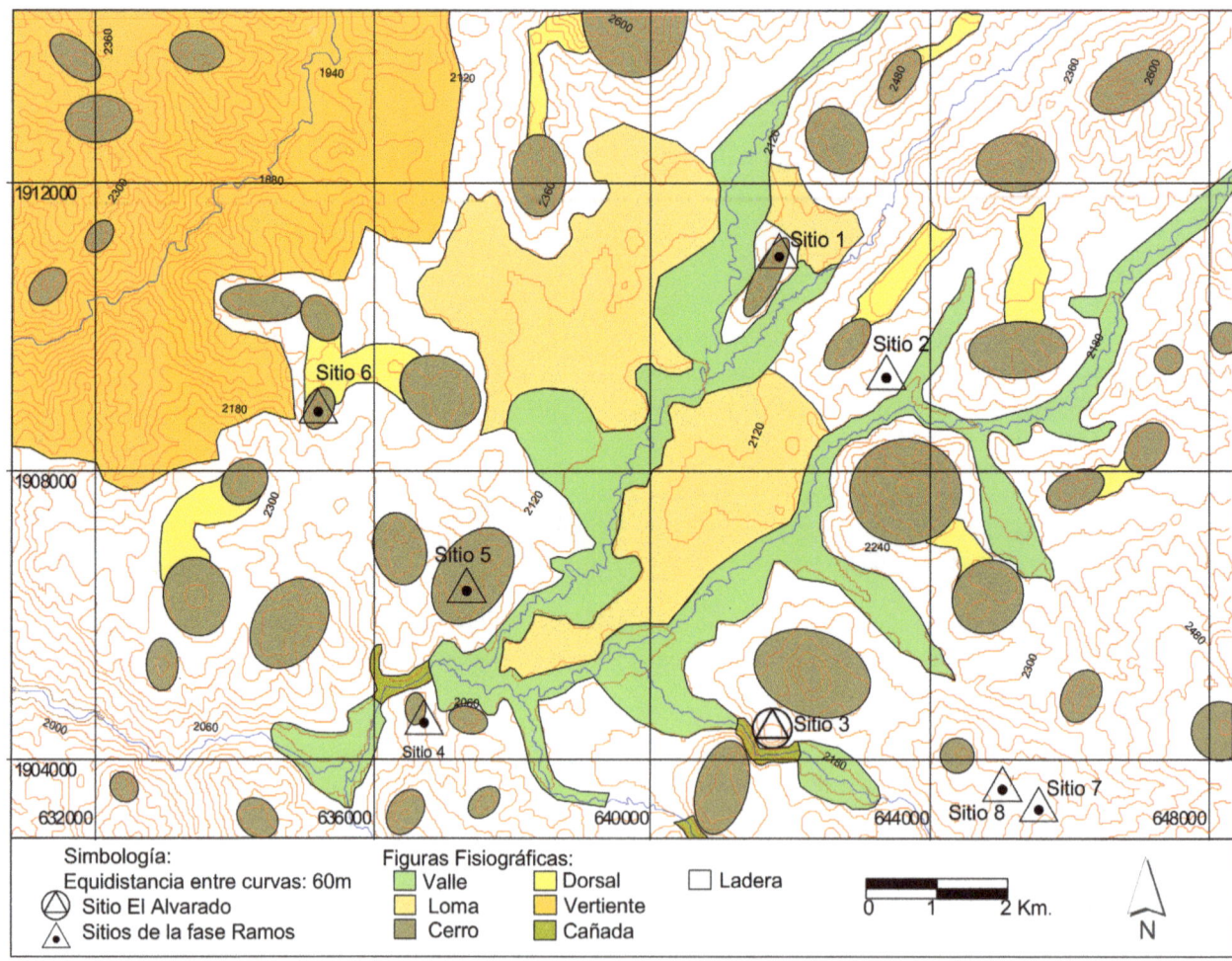

Figura 13. Mapa fisiográfico del área de estudio.

vertiente del río Numí. La última concentración de lomas es de menor tamaño, mide 1.2 km de largo con 0.6 km de ancho, se localiza entre dos cerros y colinda con un valle. La altura de estas figuras fisiográficas partiendo del valle es de 0.06 km a 0.08 km.

Cerro: ésta es una de las figuras fisiográficas características de la región y en este caso se encuentran rodeando el área de valle. De forma general, los cerros se distribuyen en cuatro agrupaciones, la del lado norte se integra por dos cerros que forman parte de lo que se denomina Cerro Tambor y tienen una altura promedio de 0.4 km respecto al valle; la segunda agrupación forma parte de una serranía que se extiende del Cerro Yucunino hacia los lados noreste, este y sur de la zona de valle, presentan una altura entre los 0.3 km y 0.4 km respecto al valle; otra agrupación es la que se ubica al suroeste del valle, estos cerros forman parte de otro mayor y su altura va de los 0.2 km a los 0.3 km; el último grupo conforma la vertiente oeste del río Numí y los cerros que lo integran presentan una altura de 2300 msnm.

Dorsal: de acuerdo a sus características esta figura está estrechamente relacionada con la existencia de cerros, sin embargo, para el área de estudio son pocas en comparación al total de estos. Las dorsales son de forma irregular, generalmente curvas, pequeñas y angostas, miden aproximadamente de 0.5 km a 1 km de largo por 0.3 km de ancho.

Cañada: se observan tres ubicadas en la parte sur del valle, están asociadas a ríos jóvenes y en general tienen una longitud de 1.5 km. Presentan una profundidad entre 0.25 km (la más profunda) y 0.15 km (la menos profunda).

Conjuntando las figuras fisiográficas existentes, vemos que éstas son las que determinan la clasificación del área de interés dentro de las unidades fisiográficas: valle de laderas escarpadas con lomeríos y sierra de cumbres tendidas (INEGI 2003, 2004). La integración de estas unidades que dan forma al área denominada "valle de Tlaxiaco" son conocidas para la región de la Mixteca Alta como valles intermontanos, en donde la figura fisiográfica de valle fluctúa en tamaño. De tal forma, el área de Tlaxiaco se distingue por su valle largo y angosto interrumpido por lomas, ambas zonas son rodeadas por sierras y en su lado noroeste se llega a una depresión con vertientes de pendiente pronunciada formada por el río Numí.

6.2. Microambientes en Tlaxiaco

Una vez descrito el relieve que da forma al área de estudio, a continuación se integrará la información obtenida de este análisis y el de terrenos (apartado 3.2). El objetivo

Figura 14. Zona de valle con lomas.

es generar una imagen, lo más cercana a la realidad que observamos hoy en día, del espacio natural en donde se centra esta investigación. Así, en el área comprendida por el "valle de Tlaxiaco" distinguimos principalmente tres microambientes: zona de valle con lomas, zona de montaña y zona de vertientes del río Numí.

La primera zona debe su forma a dos factores: los afluentes de los ríos maduros que determinan la orientación de los valles, estos últimos constituidos por suelos de aluvión de naturaleza fértil, y al conjunto de lomas con suelos jóvenes y delgados poco desarrollados sobre rocas de conglomerado, arenisca y andesita. El clima que se genera es templado subhúmedo de humedad media y actualmente la vegetación se conforma de arbustos y cultivos en el valle y pastizal en las lomas. Presenta una altitud entre los 2000 y 2200 msnm (figura 14).

La zona de montaña es agreste por la constante erosión de la precipitación y cauce de los ríos jóvenes así como de las tobas andesíticas, areniscas, calizas y lutitas, estas últimas cercanas al valle. Debido a la pedregosidad de la superficie los suelos son generalmente delgados y dependiendo de sus nutrientes tienen una fertilidad moderada, por ello la vegetación predominante es de bosque con áreas pequeñas de pastizal. Su clima, templado subhúmedo de mayor humedad, se ubica entre los 2200 y 2400msnm (figura 15). Es importante mencionar que esta zona comprende los lugares visualmente significativos, ya que los cerros Tambor, al norte, Yucutaca y de la Virgen, al sureste, se distinguen por su altura y forma desde cualquier parte del valle y sirven como puntos de referencia.

Las vertientes del río Numí, que constituyen el último microambiente, han sido formadas principalmente por el río de cauce joven. Su composición geológica es a base de calizas, lutitas, areniscas y esquistos. Su suelo es similar al de la zona de montaña pero como consecuencia de su clima semicálido subhúmedo de menor humedad, la vegetación se conforma principalmente de arbustos caducifolios con áreas de bosque. Esta zona se sitúa entre los 1800 y 2200 msnm con algunas cimas que alcanzan los 2300 msnm.

La distinción de diferentes zonas naturales para Tlaxiaco se hace notar en los documentos del siglo XVI cuando se menciona que "… tenía más de cien leguas de travesía el reino de tanta variedad de temples, que saliendo de la región de la nieve se baja a la del fuego donde son las sabandijas tan ponzoñosas…" (Burgoa 1989:306). En el siglo XVII se describe el área por donde corre el Río Numí como un lugar de montes y vertientes que "… por ser de temperamento templado se pudieran plantar algunos huertos y árboles frutales…" (Esparza 1994:384). Asimismo, es importante señalar que en la lengua mixteca del siglo XVI existen términos para nombrar las distintas zonas, como: *ñuu caa dzico*: rico pueblo que tiene muchas cosas, *ñuu ini*: caliente pueblo y *ñuu mañu huidzi*: pueblo templado, entre otros (Jansen y Pérez 2009b:86).

En resumen, los tres microambientes descritos conforman el entorno natural que distingue al valle de Tlaxiaco y están bien delimitados en el terreno: al centro se localiza la zona de valle con lomas; circundándola por sus lados norte, este, sur y suroeste está la zona de montaña, y hacia el noroeste se encuentra la zona de vertientes del Río Numí (figura 16). La conjunción de estos representa el punto de partida hacia el conocimiento del entorno pasado.

Para la región de Tlaxiaco desafortunadamente no existen investigaciones enfocadas en temas sobre el medio ambiente pretérito. Sin embargo, se tienen trabajos

Figura 15. Zona de montaña.

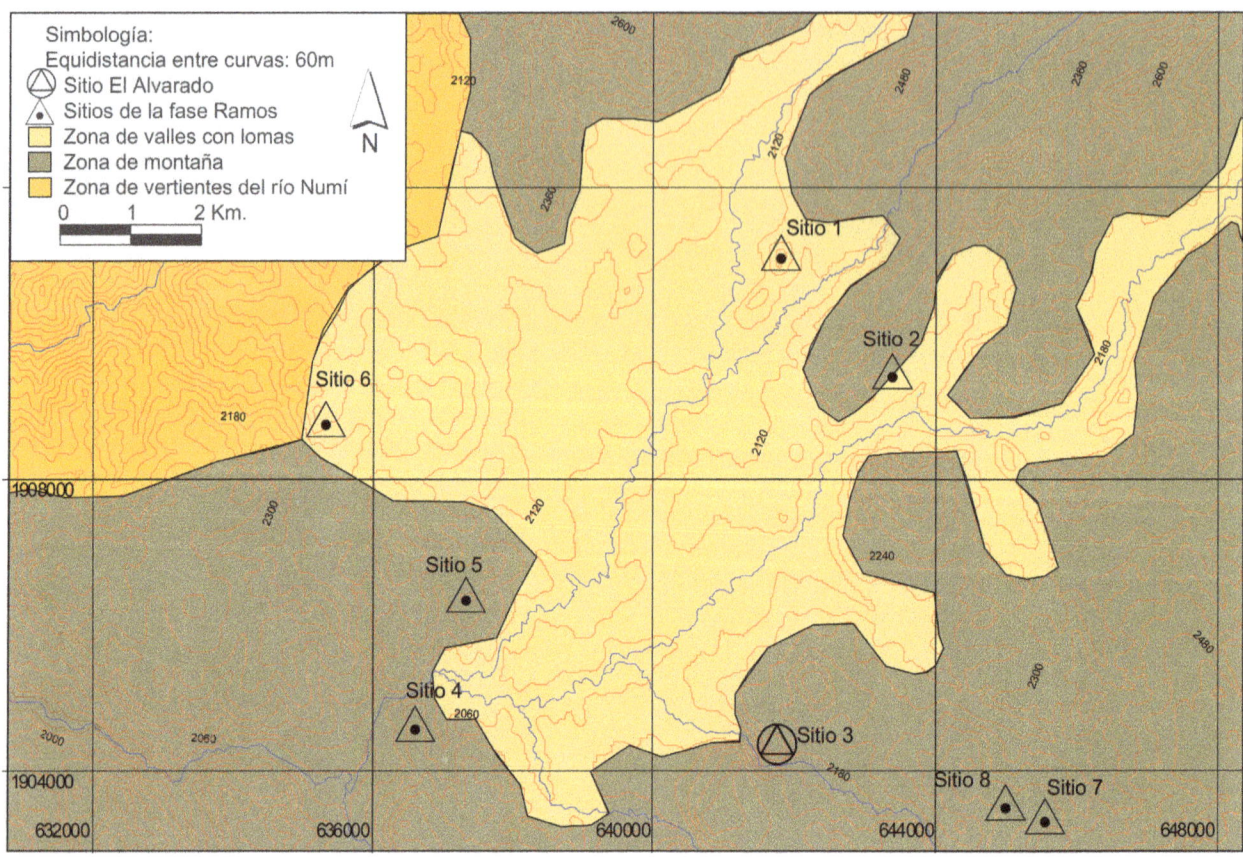

Figura 16. Mapa de microambientes en el área de estudio.

realizados en otras zonas como Nochixtlan y los Valles Centrales de Oaxaca en los que se expone, de forma general, que el patrón climático actual se estableció en las tierras altas de México alrededor del 8,000 a.C. (Marcus y Flannery 2001:53). Asimismo, para los Valles Centrales se cuenta con registros de polen y plantas secas que no dejan ver grandes cambios climáticos desde esta fecha (Schoenwetter 1974).

Referente a la vegetación se menciona, para los Valles de Oaxaca y el de Nochixtlan, que las especies observadas en la actualidad estuvieron presentes en el pasado y que

La fisiografía de la región de Tlaxiaco

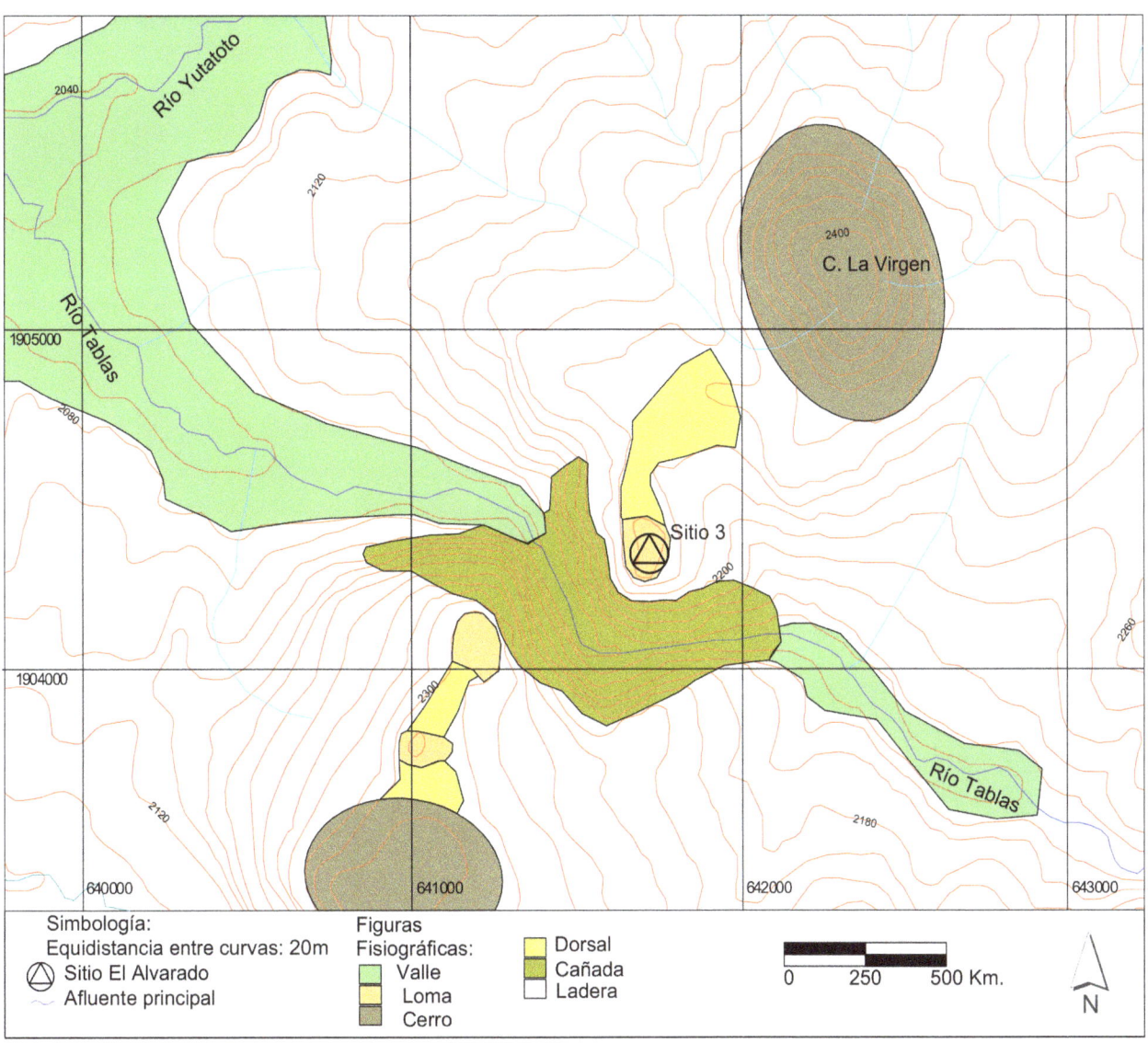

Figura 17. Mapa fisiográfico del sitio El Alvarado.

el cambio en ésta ha ocurrido en función del uso de suelo (agricultura, pastoreo, deforestación, asentamientos, etc.) modificándose su área de ocupación (Smith 1976, 1978). Respecto a la forma del relieve que distingue a Oaxaca, es en los últimos 65 millones de años cuando se moldea tal como se conoce hoy en día (Centeno 2004:36).

Por lo anterior y aun considerando que el entorno físico está en constante cambio debido a los ciclos naturales y la acción social, podemos pensar que entre el 300 a.C. y el 300 d.C. el valle de Tlaxiaco presentó un espacio natural muy similar al descrito para la actualidad. Además, al igual como sucede en otras áreas, es probable que la transformación más visible ocurriera con la vegetación original al ser modificada o remplazada por cultivos en los lugares asociados a establecimientos humanos.

En este espacio natural están inmersos los ocho asentamientos de la fase Ramos y es interesante notar que la mayoría (del 1 al 6) se emplazan alrededor de la zona de valle con lomas, teniendo acceso a las tierras fértiles del valle y, al mismo tiempo, a los recursos naturales de la zona de montaña que eran utilizados en su vida cotidiana. El sitio 6 comparte, además, la zona de vertientes del Río Numí, un microambiente con características diferentes al resto del valle en el que se generan otro tipo de recursos. Finalmente, los sitios 7 y 8 están enclavados en la zona de montaña, un tanto distantes del valle.

Con base en el emplazamiento de los sitios vemos como primer punto, que todos tuvieron acceso a diferentes tipos de recursos para su subsistencia, tanto para su alimentación como para otras actividades de su vida diaria como la arquitectura, elaboración de artefactos y vestimenta, combustible para la realización de fuego y ceremonias, entre otras. De tal forma, se puede decir que los asentamientos eran en cierta medida autosuficientes. Como segundo punto, el emplazamiento indica que existió una preferencia por ocupar áreas limítrofes entre el valle y la zona de montaña, generando una agrupación de asentamientos en relación al valle de Tlaxiaco durante esta fase.

Al respecto, es importante tener en cuenta la interacción entre el ser humano y el espacio natural en todos los

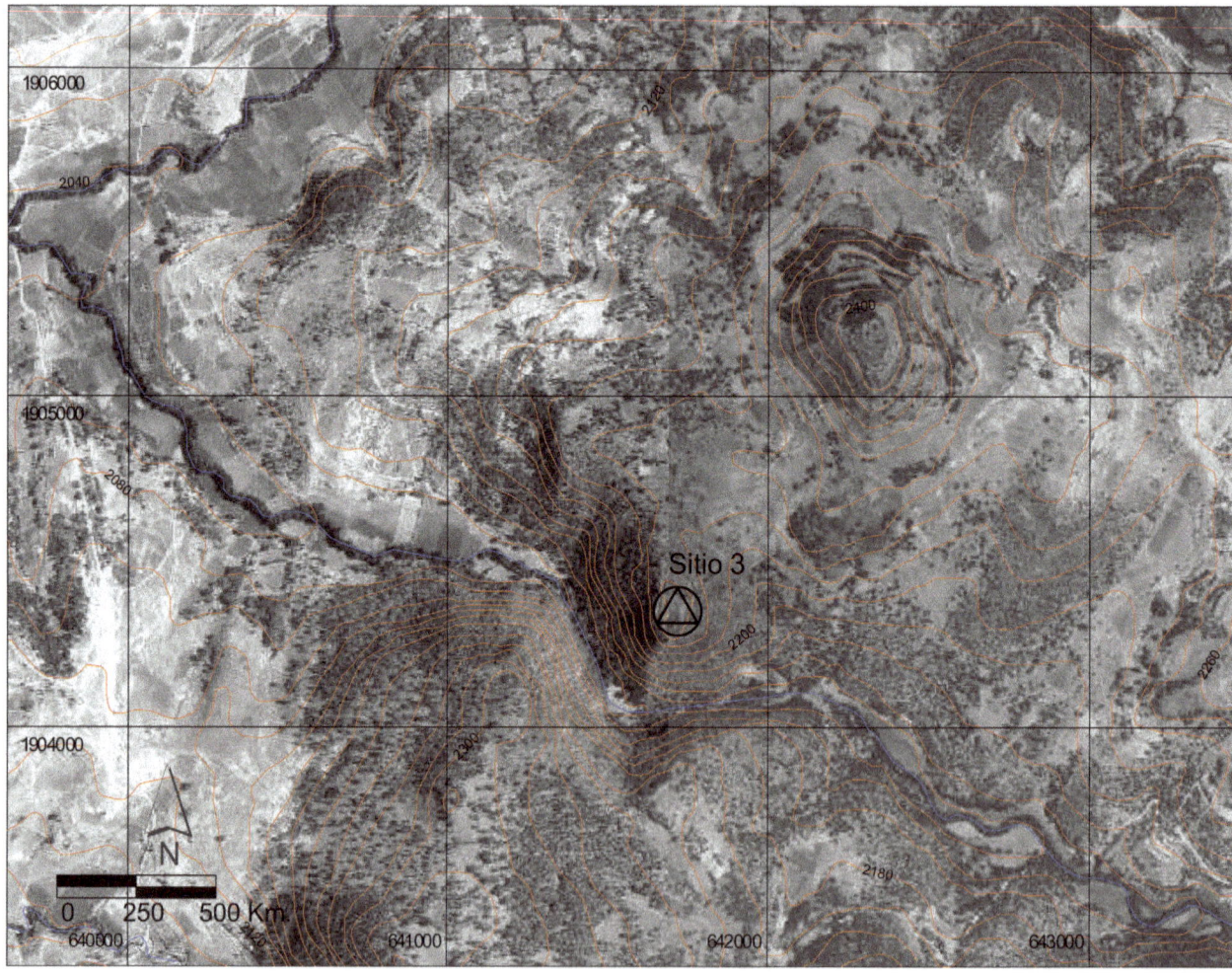

Figura 18. Entorno natural en el que se emplaza el sitio El Alvarado.

sentidos[1], no como una explotación del primero hacia el segundo. El paisaje no debe verse como un obstáculo ni un recurso, sino por el contrario, considerar que el ser humano está inmerso en él (Jansen 2008:203).

Haciendo un acercamiento a nivel de sitio, centrándonos en El Alvarado, se observa que la figura fisiográfica sobre la que se encuentra es una loma. Ésta se ubica en el extremo sur de una dorsal que forma parte del Cerro de la Virgen localizado al norte, el cual por su forma de cono y altura es un lugar visualmente significativo desde el sitio. Al sur de este último hay una cañada de 0.2 km de profundidad formada por el cauce del río Tablas, que sigue su curso hacia el noroeste para llegar a la zona de valle; al otro lado de la barranca existe una dorsal como parte de otro cerro. Esta área se puede considerar como el límite entre la zona de valle (hacia el este) y la zona de montaña (hacia el oeste) (figuras 17 y 18). Esta descripción fisiográfica de El Alvarado se tomará como base para los análisis que se realizarán a nivel de sitio.

Finalmente, tomando como referencia el entorno natural antes descrito, ubicamos la evidencia arqueológica existente en el valle. El sitio 1 se encuentra sobre la cima de Cerro Encantado y presenta una orientación[2] hacia el sur. El sitio 2 se localiza sobre la ladera del cerro Peña Negra y como no cuenta con estructuras no se puede tener una orientación. El sitio 3 se sitúa sobre la cima de un cerro en el paraje El Alvarado y su orientación es hacia el norte. El sitio 4 se distribuye sobre una dorsal y tiene una orientación hacia el sur. El sitio 5 está sobre la cima de un cerro y su orientación es hacia el este. El sitio 6 ocupa la cima de un cerro con una orientación hacia el sur. Los sitios 7 y 8 se hallan en las cimas de dos lomas, el primero tiene una orientación hacia el este y el segundo hacia el oeste (figura 13).

---

[1] En los capítulos 9 y 10 se tratarán los aspectos de tránsito y visualización en relación con el paisaje.

[2] La orientación de los sitios se toma del edificio principal hacia la plaza.

7

Temporalidad y arquitectura

7.1. La cerámica y la estratigrafía en El Alvarado

Una manera de ubicar temporalmente a un sitio arqueológico es por medio del análisis de su cultura material, para el caso de estudio se tomarán en cuenta dos elementos: los restos cerámicos y los restos arquitectónicos existentes en los ocho asentamientos. En cada apartado iniciaremos con un análisis a detalle de El Alvarado, ya que éste es el único sitio que cuenta con datos provenientes de excavaciones extensivas; posteriormente se hará referencia a la información que ha sido reportada para el resto de los sitios. Cabe mencionar que en el caso de la arquitectura su análisis nos permitirá, además de fechar, reconocer los principios de ordenamiento que guiaron la organización espacial al interior de los asentamientos.

Con base en la información derivada de las excavaciones, se identificaron en el sitio dos momentos de ocupación bien diferenciados. El primero tuvo lugar durante la fase Ramos (300 a.C.-300 d.C.) y un segundo momento fue en la fase Natividad (1000-1521 d.C.), asimismo, se recuperaron pocos tiestos correspondientes con la fase Flores (300-1000 d.C.). Aunque cabe recordar que la presente investigación se centra en el primer momento de ocupación.

Las excavaciones en el sitio consistieron en la intervención de tres áreas[1]: la primera se ubicó en la parte central, sobre la plataforma este (Plataforma 1) y tuvo una extensión de 56 metros cuadrados; las otras dos áreas se situaron sobre la primer terraza de arriba hacia abajo, una (Terraza 1) se localizó en su lado oeste con una superficie de 96 metros cuadrados y la otra (Terraza 2) en el este, ocupando 64 metros cuadrados.

El análisis de material consistió, de manera general, en la identificación de tipos cerámicos diagnósticos para su ubicación temporal. Este trabajo así como las fotografías del material que aquí se presentan fueron realizados por la arqueóloga Laura de J. Freyre Valencia (para una descripción más detallada de este análisis ver Jiménez y Posselt 2007). Se llevó a cabo un análisis comparativo entre el material recuperado del sitio y las tipologías existentes para la Mixteca, como la de Spores (1972:52-54) para el Valle de Nochixtlan, la de Gaxiola (1984) para el sitio de Huamelulpan y la de Zárate (1987) para el sitio de Etlatongo. Asimismo, se tomaron como referencia otras tipologías que se tienen para regiones vecinas, como la de Caso, Bernal y Acosta (Caso, Bernal, et al. 1967) para los Valles Centrales de Oaxaca y la de Joyce, Winter y Muller (1998) para el Valle del Río Verde. Posteriormente, con estos datos y con base en las características arquitectónicas, se le asignó una temporalidad a las estructuras excavadas.

Para esta investigación únicamente se consideraron los tipos cerámicos identificados para la fase Ramos (300 a.C.-300 d.C.). La descripción y nomenclatura que se presentan fueron retomadas de la establecida dentro del trabajo del Valle de Nochixtlan y para los tipos que no se encontraron, se recurrió a la establecida en Huamelulpan y la región de la Costa.

Los tipos identificados son: Grupo Yucuita pasta café (Yucuita Tan Wares): tipos variedad Mariana y Alicia; tipo Café con grafito; Grupo Yucuita pasta rojo sobre café (Yucuita Red on Tan Wares): tipo variedad Filemón; Grupo Jazmín pasta rojo y blanco (Jazmín Red and White Wares): tipos Carlitos dos tonos (Carlitos Two Tone) y Reyes Blanco (Reyes White); Grupo Etlatongo pasta café claro (Etlatongo Buff Wares): tipos variedad Pedro liso (Pedro Plain) y Gildardo rojo lustroso (Lustrous Red); Grupo Nochixtlan pasta gris (Gray Wares): tipos Juanito gris fino (Fine Gray) y Juanito gris fino decorado (Decorated Fine Gray) y Grupo de Pasta Amarilla: tipo Amarillo Pulido (para su descripción y fotos ver el apéndice 1).

Cabe señalar que estos tipos cerámicos se ubican temporalmente dentro de la fase Ramos, aunque algunos de ellos surgen desde la fase Cruz. Asimismo, se relacionan con los periodos I y II de Huamelulpan, encerrándose dentro del periodo Preclásico Tardío (ver tabla 2).

Los materiales analizados que se recuperaron durante la excavación estuvieron asociados a elementos arquitectónicos, siendo posible distinguir dos etapas constructivas con sus respectivas remodelaciones. La correlación entre el material cerámico y la arquitectura se observa en la estratigrafía de las áreas excavadas, como se describirá a continuación.

La primera intervención se llevó a cabo en la plataforma este (Plataforma 1) de la parte central del sitio, en donde se excavó únicamente la capa que la cubría con la finalidad de definir su forma. Ésta se identificó como capa I y el material cerámico que presentó corresponde con las fases Ramos y Natividad, siendo de mayor densidad para la primera. Al retirar esta capa se observó parte del apisonado de la plaza sobre la que desplanta la plataforma, su acceso, su cara posterior y un apisonado en su parte

---

[1] Estas áreas fueron establecidas con base en la ubicación que tendrían las torres de electricidad dentro del sitio, recordemos que el presente estudio se desprende de un rescate arqueológico.

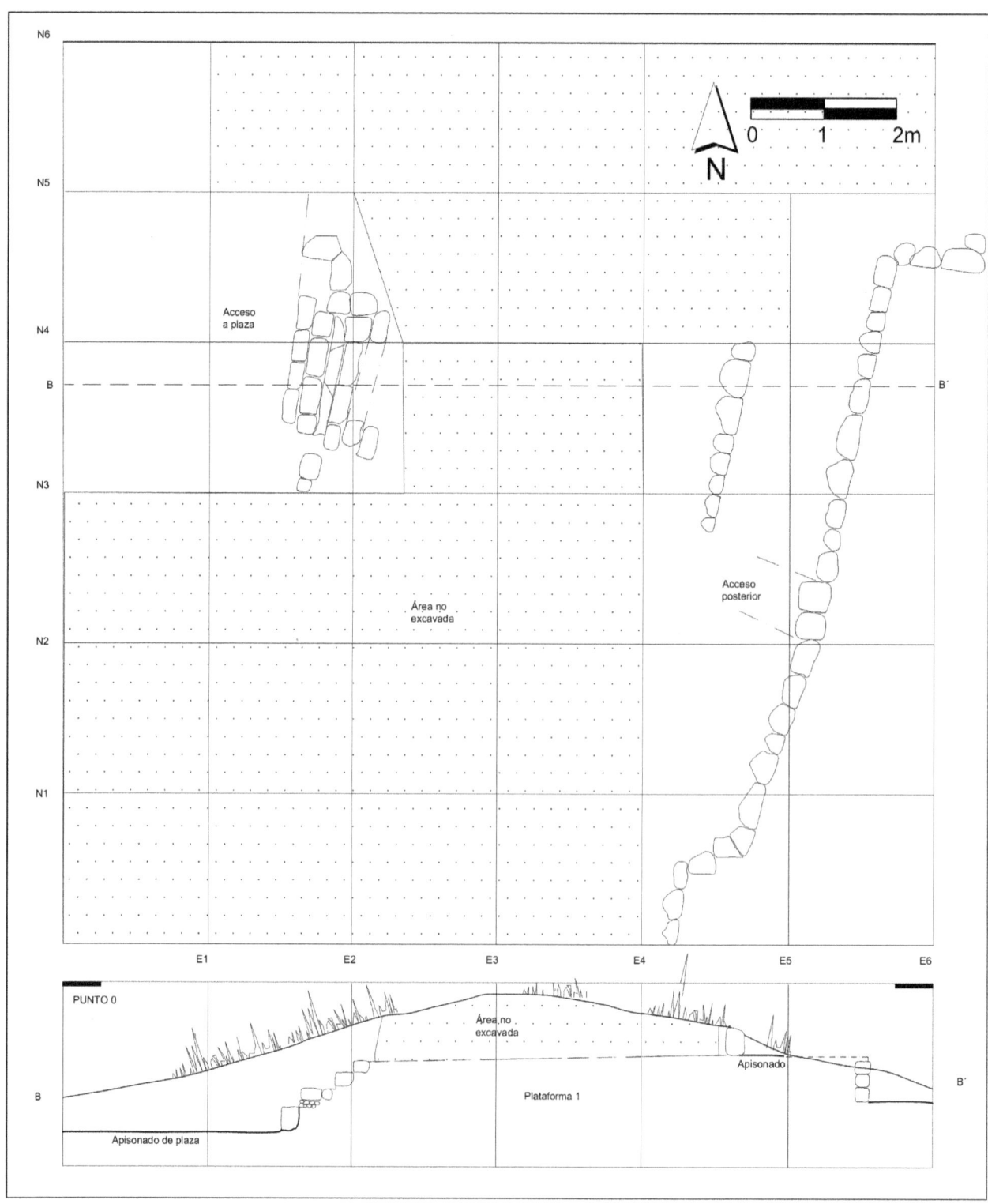

Figura 19. Dibujo de planta y corte de la Plataforma 1.

superior (figura 19). Cabe señalar que el apisonado de la plaza es similar a los encontrados en las Terrazas 1 y 2 en asociación directa con arquitectura correspondiente a la fase Ramos, asimismo, esta estructura está unida al montículo principal fechado para esta temporalidad, por lo que pensamos que la Plataforma 1 también.

La siguiente área en ser excavada fue la Terraza 1, en donde se identificaron cuatro capas estratigráficas. La primera (CI) se encuentra en toda el área excavada y se presenta de forma regular, cubre la segunda etapa constructiva[2] y el material cerámico corresponde, en mayor medida, a la fase Ramos y, en menor, a la fase Natividad.

Con la finalidad de no dañar la arquitectura de la segunda etapa, se decidió excavar en donde ésta no estuviera presente, por tal motivo la capa II se encuentra en los

---

[2] Esta arquitectura se realizó durante el Posclásico.

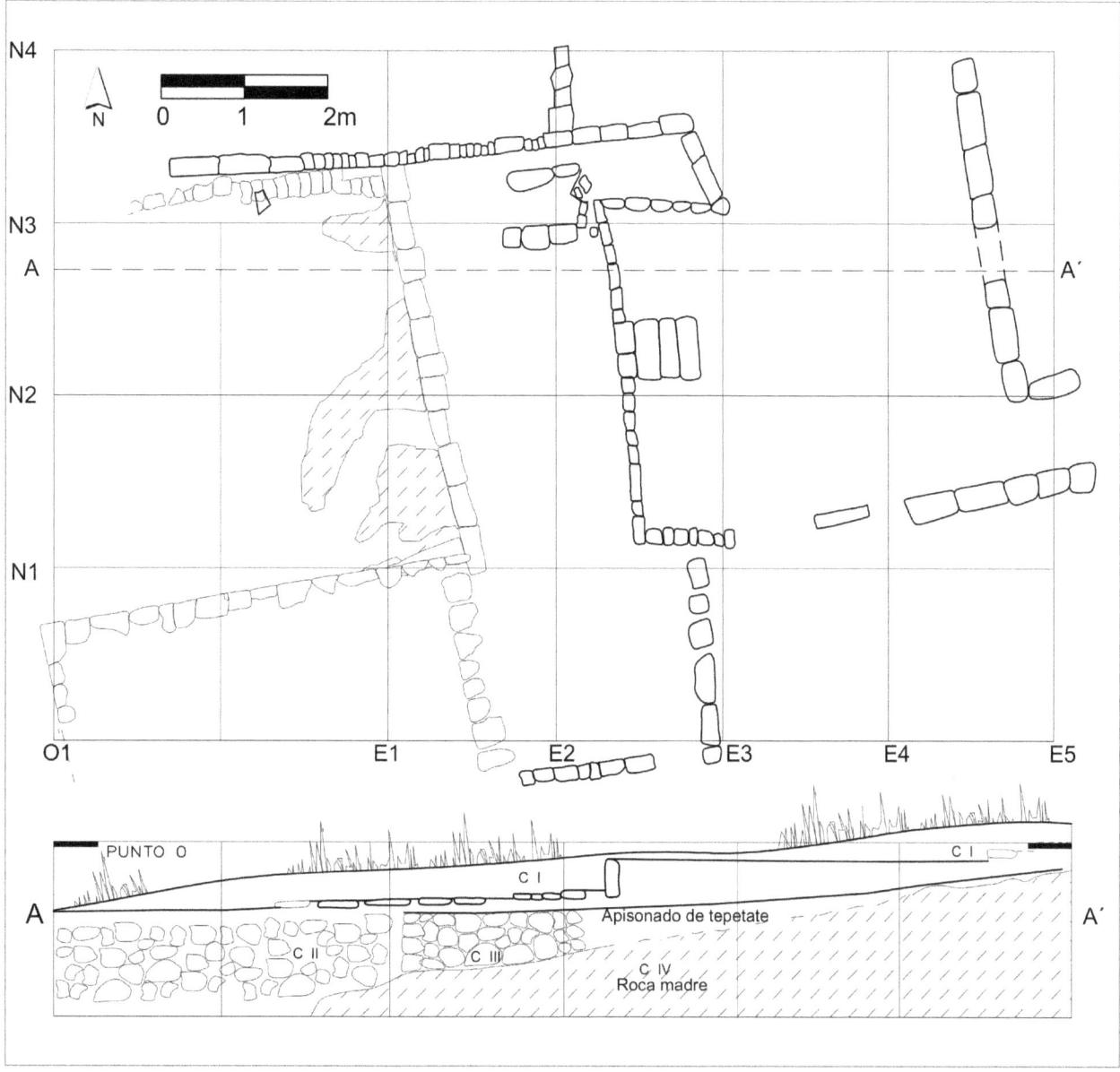

Figura 20. Dibujo de planta y corte de la Terraza 1, se resalta la arquitectura correspondiente a la segunda etapa constructiva (fase Natividad).

cuadrantes N2E2, N3E2, N2E1, N3E1 y N2O1, se localizó debajo del apisonado de la segunda etapa constructiva y de un piso de lajas. Ésta se compone de tierra y de grandes bloques de piedra, al parecer es un relleno que forma parte de una remodelación de la primera etapa constructiva y, con base en la evidencia cerámica, se observa que fue depositado durante la fase Ramos. La siguiente capa (III) se identificó a través de un pozo de sondeo y forma parte del relleno de un muro de contención de la primera etapa constructiva, de acuerdo a los materiales cerámicos esta capa es de la misma temporalidad que la anterior. Finalmente, la capa IV es la roca natural del cerro (figuras 20 y 21).

Lo último en excavarse fue la Terraza 2, distinguiéndose cinco capas estratigráficas. La primera de ellas (CI) se encontró en toda el área de excavación cubriendo la segunda etapa constructiva (fase Natividad), con material predominante de la fase Ramos y pocos tiestos de la fase Natividad. La capa II se encontró en casi toda la excavación, tapando la remodelación de la primera etapa constructiva (fase Ramos) y, al igual que en la capa anterior, predomina el material de la fase Ramos.

La siguiente capa (III) es el relleno que se encuentra entre los muros de la primera construcción y su remodelación, el material existente es en su mayoría de la fase Ramos con algunos tiestos de la fase Natividad; esto se debe a que en esta última fase ocurrieron dos intrusiones en este espacio entre muros por la deposición de dos entierros fechados para esta temporalidad[3]. La capa IV se localizó debajo del apisonado de la remodelación y el material que presenta se asocia con la fase Ramos, dentro de esta capa se encontró un entierro que fue depositado directamente sobre la roca madre (capa V). Con lo anterior vemos que las capas

---

[3] El fechamiento de los entierros estuvo dado por su ofrenda que consistió en una vasija posclásica.

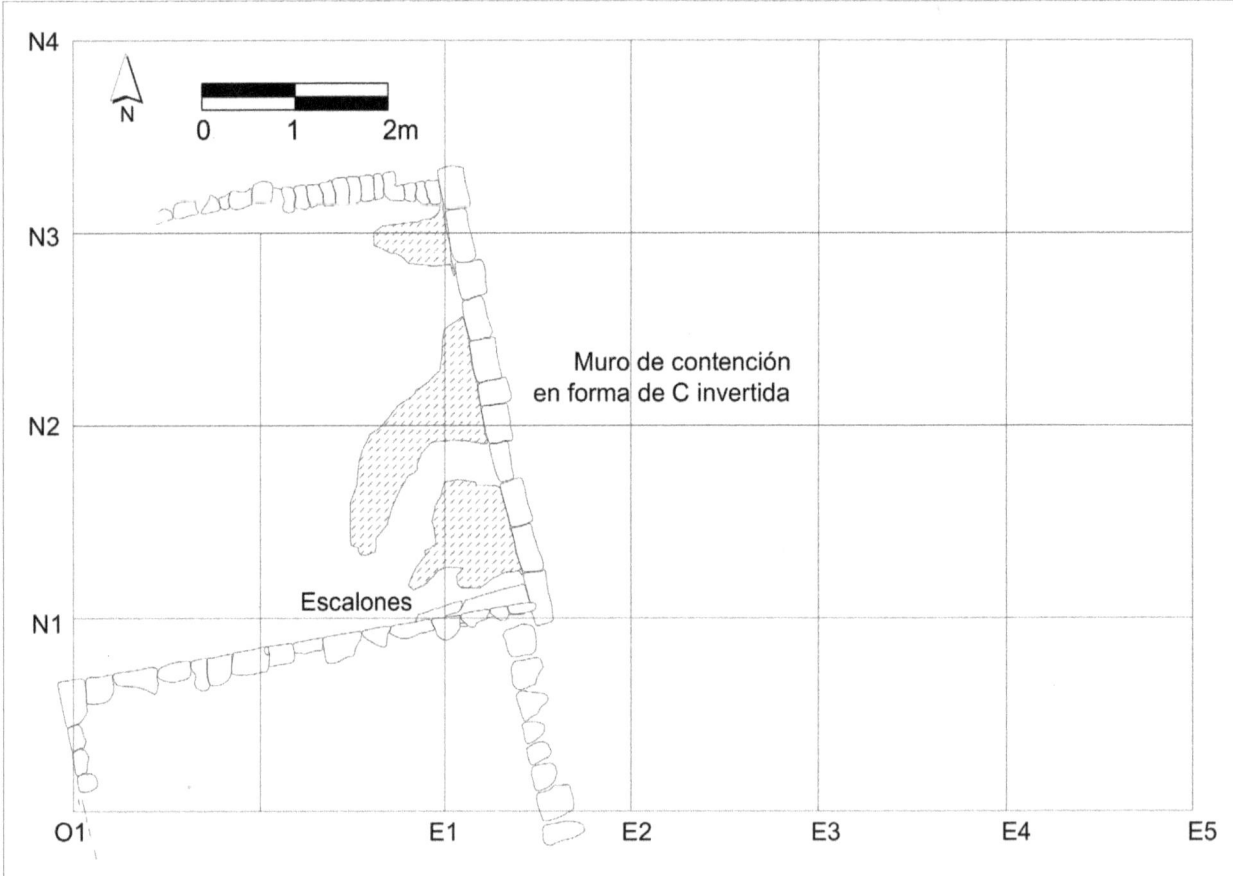

Figura 21. Dibujo de planta de la Terraza 1 que muestra la arquitectura de la primera etapa constructiva correspondiente con la fase Ramos.

III y IV pertenecen a un mismo momento constructivo que corresponde con la remodelación de una habitación realizada durante la fase Ramos. Por último se encuentra la capa V, que es la roca natural del cerro (figura 22).

Después de los trabajos realizados en El Alvarado, en marzo del 2010 ocurrió un hecho lamentable, se trata un saqueo de grandes dimensiones que se realizó con maquinaria pesada en el montículo mayor y la plataforma adosada en su parte posterior ubicados en el área central del sitio. Este saqueo dejó expuesto un perfil estratigráfico de ambas estructuras en donde se distinguen varias remodelaciones, indicadas por apisonados de tierra y caliche, también se observan algunos muros. Recién ocurrido este incidente se encontró material cerámico correspondiente con la fase Ramos disperso en la superficie así como entre las diferentes capas estratigráficas de las estructuras.

De tal forma, con las excavaciones llevadas a cabo en las tres áreas así como con lo expuesto por el saqueo se observa una correlación estratigráfica en el sitio indicada por el material cerámico y los diferentes elementos constructivos. Resumiendo, con base en la evidencia de las primeras capas observamos que la fase Natividad está poco representada en el sitio; la muestra más clara de esta ocupación se encuentra en la Terraza 1, en donde se llevaron a cabo construcciones, a diferencia de la Plataforma 1 y la Terraza 2 que únicamente presentaron escaso material cerámico, lo que nos hace pensar que para este tiempo ocurrió una reutilización. Por su parte, las capas más profundas en relación a la roca madre representan la ocupación del sitio durante la fase Ramos debido a su asociación con cerámica de esta temporalidad (la arquitectura correspondiente a estas capas se describe en el siguiente apartado).

A pesar de que las áreas de excavación son pequeñas en comparación a todo el sitio, su lugar de ubicación nos permitió conocer tres contextos distintos: parte del área central (la plaza principal en asociación a la Plataforma 1 así como el montículo principal y su plataforma adosada vistos en el saqueo), una plaza en una terraza de carácter cívico ceremonial (Terraza 1) y una habitación sobre una de las tantas terrazas que circundan al sitio (Terraza 2). Asimismo, con base en la evidencia cerámica asociada a los elementos arquitectónicos se observa que la fase Ramos predomina sobre la fase Natividad, por tal motivo consideramos pertinente pensar que la mayoría de las estructuras visibles en el sitio así como su planeación se llevaron a cabo durante la fase Ramos.

Al igual que El Alvarado, los otros asentamientos en el valle de Tlaxiaco presentan una ocupación durante la fase Ramos que está indicada principalmente por su cerámica. Sin embargo, el hecho de que este material provenga de superficie hace más difícil su asociación con los elementos

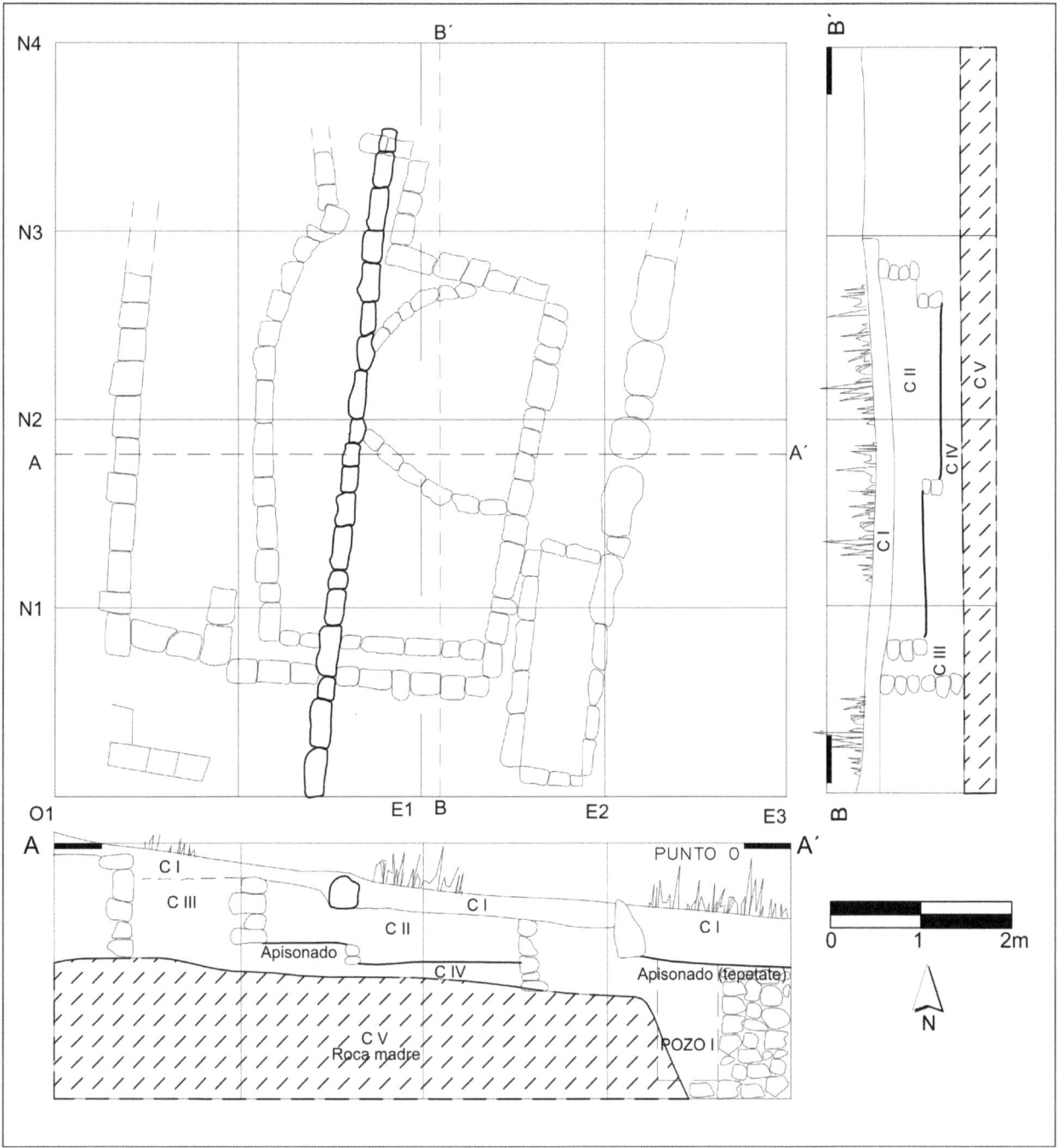

Figura 22. Dibujo de planta y corte de la Terraza 2, la arquitectura correspondiente a la segunda etapa constructiva (fase Natividad) se resalta en planta.

arquitectónicos y no es posible determinar su extensión para este periodo, pues no hay que olvidar que, a excepción del sitio dos, todos presentan ocupaciones posteriores. Por tal motivo, para asignarle un fechamiento relativo más preciso a estos sitios es necesario, además de la evidencia cerámica, considerar sus elementos arquitectónicos.

7.2. Las formas arquitectónicas en El Alvarado

Como se mencionó, la arquitectura es otro elemento cultural factible de ser fechado ya que es el resultado social de una colectividad que lo objetivizó en un momento específico y como tal, responde a un tipo de material, técnicas constructivas y organización del espacio particulares.

Sin embargo, el espacio construido no debe considerarse únicamente como un indicador temporal sino como una forma de acercarse al pensamiento de sociedades pasadas, tener presente que la arquitectura es ante todo forma, pero sin estar exenta de contenido y significado (Mañana, Blanco, et al. 2002).

Asimismo, es importante señalar que al momento de su construcción se generan cambios en el entorno natural. Para el caso de Tlaxiaco es durante la fase Ramos cuando estos cambios se hacen más visibles, debido a que los asentamientos ocupan las lomas circundantes del valle y se llevan a cabo grandes construcciones, a diferencia de lo que ocurrió en la fase Cruz Tardía para la que se

Figura 23. Espacios arquitectónicos que conforman el Alvarado (las terrazas de agricultura están indicadas con doble línea).

cuenta con poca evidencia arqueológica (Kowalewski, Balkansky, et al. 2009:257). De tal forma, la loma en la que se localiza el sitio El Alvarado fue modificada principalmente por la nivelación de su cima y sus laderas, sobre las que se construyeron montículos, plataformas y unidades habitacionales, transformando el espacio natural en un espacio social, como se describirá a continuación.

Partiendo de la forma del espacio natural en el que se localiza el sitio, que se distingue por la cima y las laderas de una loma, y de acuerdo a los elementos arquitectónicos existentes, se reconocen de manera general tres espacios: 1) área central, 2) área habitacional y 3) área de cultivo. Entre los tres cubren una extensión de 13.97 hectáreas (figura 23).

1) área central: se ubica en la parte más alta de la loma con una orientación de 0°, sobre una plataforma de desplante. Está constituida por una plaza cerrada de forma cuadrangular que mide 27 m de largo por 26 m de ancho delimitada por cuatro estructuras (figura 24).

La estructura principal se encuentra al sur y se compone de un montículo mayor de forma cuadrangular que tiene 5 m de alto y que en su costado norte (cara frontal del edificio) tiene adosada una plataforma rectangular, a manera de templete o escenario (figuras 25 y 26). De la misma forma, en la cara posterior del montículo se observa otra plataforma rectangular, de mayores dimensiones que la anterior y con una altura aproximada de 1 m, sobre la que se distinguen los restos de algunos cuartos y apisonados de caliche.

Temporalidad y arquitectura

Figura 24. Plaza cerrada vista desde el montículo principal.

Figura 25. Montículo principal del sitio con su plataforma adosada al frente.

Figura 26. Plaza cerrada con el montículo principal al sur.

Figura 27. Al centro, el cuarto con su acceso al norte generado por la remodelación.

La siguiente estructura se localiza al este de la plaza, es una plataforma (Plataforma 1) de forma rectangular que mide alrededor de 1 m de alto y presenta dos accesos por medio de escalones. El primer acceso, que es el principal, se encuentra en la parte central de la plataforma y da hacia la plaza, el segundo se localizó en su parte posterior y es más angosto que el anterior, ambos llegan a un cuarto ubicado sobre la plataforma.

Hacia el norte de la plaza existe una plataforma cuadrangular que sirve de desplante para un montículo de 1.5 m de alto con el que forma a una plaza; estas estructuras se comunican con la plaza principal por medio de una rampa de acceso, posiblemente una escalinata. Finalmente, la plaza se cierra por su lado oeste con un desnivel de 0.50 m de altura. La disposición de las estructuras alrededor de la plaza principal es muy similar a lo que se ha denominado para la Mixteca Baja como templo con plaza cerrada (TPC) (Rivera 1999:41).

2) área habitacional: se ubica sobre una serie de terrazas en las laderas norte, este y oeste de la loma. Las terrazas se presentan de forma continua y escalonada rodeando las laderas, de manera general tienen una altura de 2 m a 3 m con un ancho de 10 m a 16 m y cabe resaltar que las primeras terrazas y el área central estuvieron comunicadas por medio de rampas de acceso. Con base en los pozos de sondeo se observó el sistema constructivo de las terrazas: su desplante es desde la roca natural de las laderas, sobre la que se construyó un muro de contención, y el espacio generado entre ambos fue rellenado con grandes piedras y tepetate hasta alcanzar la altura deseada para cada terraza.

Figura 28. Elementos arquitectónicos localizados en la Terraza 2.

Con la excavación de la Terraza 2 se identificó un cuarto de forma rectangular con su acceso en la esquina suroeste, éste da hacia un pasillo que a su vez se comunica con otra estructura. Los muros del cuarto se construyeron con piedra caliza delgada y careada de forma regular unida por una mezcla de tierra; su desplante es sobre la roca natural y, al no existir evidencia de algún piso, ésta pudo funcionar como tal. Al costado este del cuarto se observó un pasillo que en su lado sur limita con un espacio posiblemente de almacenamiento. Este cuarto sufrió una remodelación que redujo su tamaño, como parte de ésta se cambió el acceso hacia su lado noroeste, se creó un pequeño desnivel de forma semicircular en su interior y se realizó un apisonado de tierra (figura 27).

Fuera del cuarto se identificó una especie de calle hecha a base de un apisonado de tierra amarilla (tepetate) que indica el límite de la terraza y posiblemente la circunda (figura 28). Es importante hacer notar que este tipo de apisonado se encontró también en la plaza central, en la parte superior de la Plataforma 1 y en la Terraza 1, siendo uno de los elementos constructivos que marcó el periodo de ocupación de la fase Ramos. Finalmente, considerando la evidencia de los pasillos asociados al cuarto y los muros que continúan hacia los costados, sin haber sido excavados en su totalidad, es muy probable que el cuarto estuviera comunicado con otros y que este patrón fuera constante a lo largo de las terrazas.

En algunas terrazas, además de las unidades habitacionales, existe arquitectura cívico ceremonial, como ocurre en la Terraza 1, en donde el muro de contención tiene la forma de una C invertida y desplanta de la roca natural. En su parte superior esta terraza presenta el apisonado de tierra amarilla antes mencionado, generando una especie de plaza sin alguna estructura visible (figura 29).

El espacio que queda entre la C presenta un desnivel de 1.20 m respecto al apisonado de la plaza y se comunica con ésta por medio de pequeños escalones localizados sobre el muro de contención (figura 30). Hacia el lado oeste de la plaza empieza el descenso abrupto del terreno causado por la cañada. Otro tipo de arquitectura cívico ceremonial es una plataforma rectangular, de pequeñas dimensiones, que se ubicó sobre una terraza del costado norte.

3) área de cultivo: como parte del sitio, al noreste del área central, aproximadamente a 400 m se localiza un sistema de terrazas para cultivo o lama bordo[4]. Este mide alrededor de 250 m de largo por 200 m de ancho y tienen

---

[4] Deducimos que estas terrazas fueron utilizadas para cultivo en el pasado debido a su forma y ubicación en el terreno, además que en la actualidad se emplean para este mismo fin. Se caracterizan por localizarse en elevaciones bajas con una pendiente menor a 30°, son diques hechos a base de piedra y lodo para captar agua y suelos erosionados que provienen de las laderas con suelos delgados y vegetación dispersa que descienden por los canales naturales de drenaje desde la montaña hacia el valle, acumulándose suelo fértil excelente para cultivo (Kirkby 1972:44; Spores 1969:563).

Figura 29. Arquitectura de la fase Ramos que incorpora la roca madre.

Figura 30. Acceso que comunica hacia la parte superior de la terraza.

Figura 31. Lama-bordo ubicado al noreste del sitio.

una altura de 1.5 a 2 m, con un total de 9 terrazas (figura 31). Asimismo, en el área del valle existen otras terrazas que actualmente se trabajan con una alta productividad y probablemente fueron utilizadas en esa época.

En resumen, las formas arquitectónicas identificadas en el área central de El Alvarado corresponden a las descritas para otros asentamientos mixtecos de la fase Ramos. En este caso, su emplazamiento es sobre una loma, distinguiéndose un área nuclear en la que sobresale un montículo con una plataforma adosada al frente y otra en un costado con la que forma una L, es un asentamiento compacto con un área habitacional densa ubicada sobre terrazas de grandes dimensiones y asociado a un lama-bordo.

Asimismo, las características arquitectónicas del cuarto y las terrazas son semejantes a las reportadas en Huamelulpan, en donde se observa que las habitaciones son un tanto complejas y se encuentran comunicadas por pasillos, presentan remodelaciones y sus muros son hechos a base de piedra careada de forma rectangular que en algunos casos desplantan de la roca madre. El sistema constructivo de las terrazas es a base de piedras de grandes dimensiones que se emplean para nivelar el terreno (Gaxiola 1984:49, 50 y 54).

En relación a la temporalidad, retomando los datos generados con los análisis cerámico y arquitectónico, se concluye que el esplendor del sitio se dio durante la fase temprana (Ramos), tiempo en el que se edifican las estructuras que componen el área central y las terrazas que lo circundan. Para la fase tardía (Natividad) ocurre una reutilización, sin que se creen nuevas estructuras monumentales que le cambien su fisonomía.

Además, considerando los elementos arquitectónicos antes descritos, es posible distinguir en El Alvarado ciertos criterios de ordenamiento. Conjuntando las dos primeras áreas (con una extensión de 7.33 hectáreas) que lo integran, con base en la Arqueología de la Arquitectura, se observa que su organización espacial es centralizada (figura 32), en donde se distingue un

> "espacio central y dominante, en torno al cual se agrupan otros espacios secundarios. Es un tipo de organización estable y concentrada e intrínsecamente no direccional. Sus características de aproximación y entrada vienen "supeditadas a las del emplazamiento y a la correcta articulación de usos de los espacios secundarios como forma de ingreso" (Ching 1995:207)." (Mañana, Blanco, et al. 2002:35).

El espacio central y dominante está indicado por la plaza cerrada con sus cuatro estructuras de las que sobresale, por su tamaño y forma, el montículo sur con sus plataformas adosadas. Este espacio es el núcleo del sitio, es en donde se llevan a cabo las actividades cívico ceremoniales públicas y contiene el área residencial. A partir de éste se distribuyen, de forma concéntrica, espacios secundarios formados por las terrazas de uso habitacional, generando un asentamiento concentrado. Siguiendo la forma del relieve, la aproximación al sitio es por la dorsal de su lado norte, ya que en sus otros costados la pendiente es abrupta y dificulta el acceso, al interior de éste el ingreso al área central está dado en función de las terrazas.

Continuando con la forma de organización espacial que presenta el sitio se observa que los principios de ordenación están dados por un eje de sur a norte con una orientación de 0° partiendo del montículo principal. Con base en este eje se distingue que los elementos arquitectónicos están distribuidos de forma simétrica bilateral, esta simetría es evidente en el área central, siendo sutil para las terrazas habitacionales que se cargan

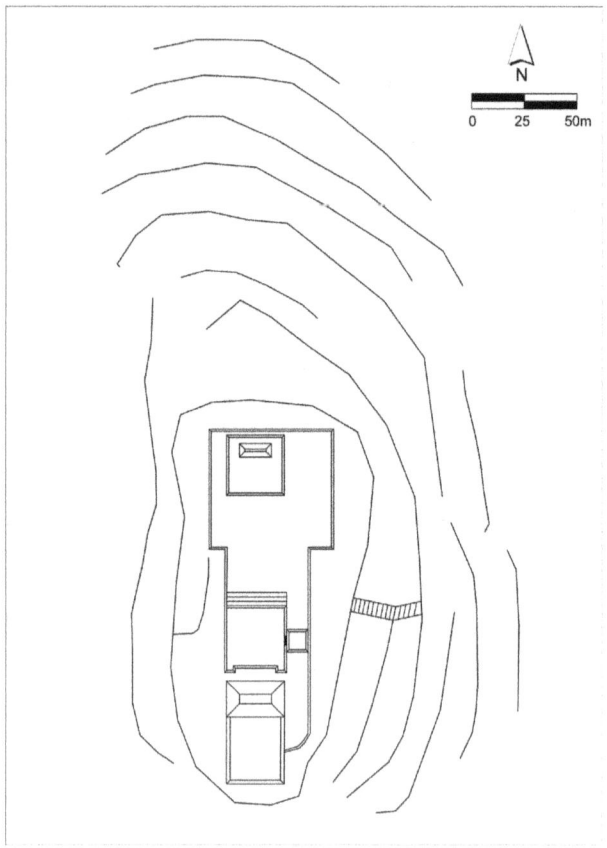

Figura 32. Croquis del sitio que contempla sus áreas central y habitacional.

hacia el lado noreste del sitio debido a las condiciones topográficas del terreno.

Otro tipo de ordenación que se presenta es la jerárquica. Ésta se observa a nivel de área, en donde la más importante por su ubicación y conformación es la central, y también se identifica a nivel de estructuras, en las que sobresalen el montículo mayor ubicado al sur de la plaza y el montículo sobre la plataforma que se localiza al norte, ambos se están viendo de frente.

De tal forma, se observa que para la construcción de El Alvarado se consideraron, además de la forma del relieve, distintos principios de ordenación y la diferenciación de espacios. Estos se establecieron en relación a su uso (ceremonial, cívico, habitacional, de cultivo, entre otros) y a las personas que los utilizaban (confiriéndoles un carácter público o privado).

Asimismo, teniendo como base el análisis arquitectónico realizado en El Alvarado, se distingue que estos principios de ordenación también están presentes en los otros sitios con arquitectura que ocupan el valle de Tlaxiaco. De manera general, en todos se identifica un área central en la cima de un cerro o loma que es rodeado por terrazas habitacionales y algún sistema lama-bordo. Partiendo del área central los lama-bordo más cercanos se encuentran a 200-250 m y los más lejanos a 350-400 m; la proximidad de éstos a los asentamientos es una característica distintiva de esta fase (Pérez, 2006:251).

También vemos que se respeta la distribución entre los tres espacios construidos, reconociéndose una organización centralizada y jerárquicamente diferenciada. Estos principios de ordenación están indicados por el conjunto principal conformado de tres plataformas y un montículo que encierran una plaza. Fuera de este conjunto, los sitios 1, 5 y 6 presentan un montículo menor que, en asociación al montículo mayor, generan un eje que marca su orientación. En el sitio 7 también existe un montículo menor fuera del conjunto principal, sin embargo, éste no se encuentra de frente al mayor, por lo que no se puede hablar de un eje rector.

A manera de conclusión, se puede decir que los asentamientos del valle de Tlaxiaco comparten un mismo diseño arquitectónico (composición, distribución, jerarquía y diversificación de espacios). Y esto nos estaría hablando de una forma similar de concebir la realidad.

8

La pintura rupestre "El Chivato" como un espacio social

8.1. Aproximación a la pintura rupestre

Como se vio en el capítulo anterior, los asentamientos en el valle de Tlaxiaco muestran una diversificasión de espacios indicada por sus diferentes elementos arquitectónicos en relación a su lugar de emplazamiento. Como parte de esta diversificaión en El Alvarado se tienen espacios sociales representados por otro tipo de evidencia arqueológica, como lo es la pintura rupestre que a continuación se presenta.

Las manifestaciones gráficas rupestres (pintura y petroglifos) forman parte de la cultura material de sociedades pasadas y, como tal, su análisis proporciona información de diferentes aspectos del grupo que las produjo (González 1987:11-12). En la región de la Mixteca estas manifestaciones también están presentes y se localizan principalmente en cuevas y sobre las paredes rocosas de cerros y cañadas, se sabe de su existencia especialmente por los pobladores que conocen su entorno, sin embargo, los estudios sobre este tema son escasos.

Algunos ejemplos que se tienen para esta región son: la Cueva de los músicos localizada en San Luis Atolotitlan (Rincón 1999:239), cerca de Huajuapan; una cueva sobre el Puente Colosal en Tepelmeme (Urcid 2005); las pinturas y petroglifos sobre la pared rocosa del Peñasco, en San Mateo Peñasco (Heredia 2002) así como las pinturas y un grabado denominado El guerrero o Danzante del Kahua Laki, encontrados en Apoala (Geurds 2007:118, 119, 120 y 136).

La aproximación hacia esta evidencia arqueológica ha tenido diferentes enfoques que han cambiado a lo largo del tiempo, en las últimas décadas los trabajos se han preocupado por la descripción, la realización de tipologías y la identificación de estilos y tradiciones. Asimismo, se han tomado como base para su interpretación la semiótica y la arqueoastronomía, pero la mayor parte de los estudios deja de lado un aspecto fundamental que es el contexto natural y cultural (Viramontes 1999b).

Retomando la idea de la Arqueología del Paisaje sobre la existencia de diferentes manifestaciones del paisaje y que el estudio de éstas permitirá distinguir un patrón de organización espacial, con el análisis de la pintura rupestre El Chivato se podrán identificar algunos rasgos del entorno natural y social del sitio. Así, con el desarrollo de este capítulo se busca realizar una descripción y brindar una explicación general sobre la pintura así como contextualizarla dentro del sitio. No se intenta llegar a una conclusión definitiva sobre su significado, ya que para ello es necesario llevar a cabo un estudio más profundo y considerar más representaciones en la zona para poder realizar comparaciones y establecer patrones.

La capacidad de representación gráfica que tiene el hombre se relaciona con sus habilidades cognitivas en las que intervinieron procesos de percepción, memoria, intencionalidad y abstracción. La representación contribuyó a la organización, estructuración y jerarquización del entorno del hombre así como sus experiencias; por tal motivo las representaciones gráficas son manifestaciones de una realidad pasada, una abstracción de la misma que ahora es factible de ser aprehendida (Mendiola 1999:22). Desde este enfoque, son cinco niveles los que intervienen en el proceso de conocimiento de la realidad gráfico rupestre:

1. Percepción o conocimiento empírico: en este nivel se observan elementos gráfico rupestres agrupados o dispersos en paredes o bloques rocosos, grafismos manufacturados con distintas técnicas de pintura o grabado que pueden o no ser afines en su morfología.
2. Segunda percepción y generación de conocimiento a través de la observación, descripción y reproducción técnica: implica una jerarquización y ordenamiento de los elementos del contexto natural y arqueológico, incluyendo evidentemente los elementos de la gráfica rupestre que pueden presentar una o más etapas pictóricas en un mismo sitio.
3. Análisis de la realidad gráfico rupestre en términos de su morfología y de sus relaciones internas entre cada uno de los elementos gráficos. Estas relaciones también son analizadas en lo externo, buscando correspondencias entre la morfología interna y los contextos arqueológicos y naturales.
4. Síntesis de toda la información: la consideración de ausencias, presencias y correspondencias del material gráfico rupestre con los contextos, acción que finalmente implica la definición o establecimiento de los estilos gráficos rupestres.
5. Explicación de los estilos gráfico rupestres en el sentido de que son la expresión de las diferentes pautas de conducta social, de las distintas formas generales de la realidad o formas de ver el mundo y de la diversidad en la transformación estética de la misma (Mendiola 1999:22-23).

8.2. Descripcción

La pintura rupestre que forma parte del sitio El Alvarado se localiza en la ladera oeste del cerro en donde está el asentamiento, siendo una de las más abruptas por formar parte de la cañada del río Tablas. Esta pintura se encuentra sobre una pared rocosa a un costado de una cueva poco profunda conocida por los pobladores como Cueva el Chivato, su entrada tiene un ancho de 2.25 m y una altura de 3.20 m, hacia el interior se va haciendo más angosta y de menor altura hasta cerrarse en el fondo, alcanza una longitud de 7.80 m (figuras 33 y 34).

Por sus características se clasifica dentro de las cuevas exógenas, entendidas como: "... aquellas que no penetran en un montaña como pasajes profundos sino que se forman desde el exterior en forma de nichos, cuevas poco profundas o abrigos...Cuevas similares pueden formarse también en un muro rocoso al que la corrosión aisló de las partes menos resistentes de la piedra." (Schmid 1982:154-155).

La pared rocosa sobre la que se plasmaron las representaciones gráficas fue previamente trabajada con la finalidad de tener un espacio adecuado que las contuviera; se observa que una parte de la roca fue tallada para crear una superficie liza que funcionó como fondo. En la parte superior y en su costado derecho (vista de frente) el trabajo de talla generó un marco que encuadra las imágenes y, al mismo tiempo, las protege de la intemperie (figura 35). El espacio que se creó tiene 1.25 m de ancho por 2 m de alto.

Con un primer acercamiento a la pintura se tiene un total de 11 elementos identificables, de los cuales nueve son antropomorfos de diseño simple y dos zoomorfos; los primeros se caracterizan porque la línea que indica su tronco se prolonga hasta la altura de los pies. Todas las figuras son delineadas, de color blanco y la forma de representación es realista, por lo que las imágenes son morfológicamente afines. Asimismo, se presentan de forma agrupada, respetando el área enmarcada previamente descrita, y es de notar que guardan una regularidad espacial en donde se ocupa todo el fondo sin ser saturado y se percibe la individualidad de cada imagen (figura 36).

Con una segunda percepción realizamos una descripción más detallada de las figuras y resaltamos su ubicación dentro del conjunto. De tal forma, se observa que la

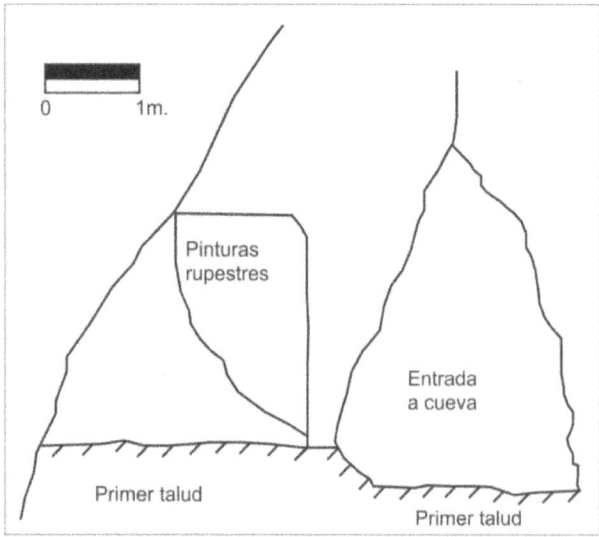

Figura 33. Dibujo de la cueva y la pintura El Chivato, vista de frente.

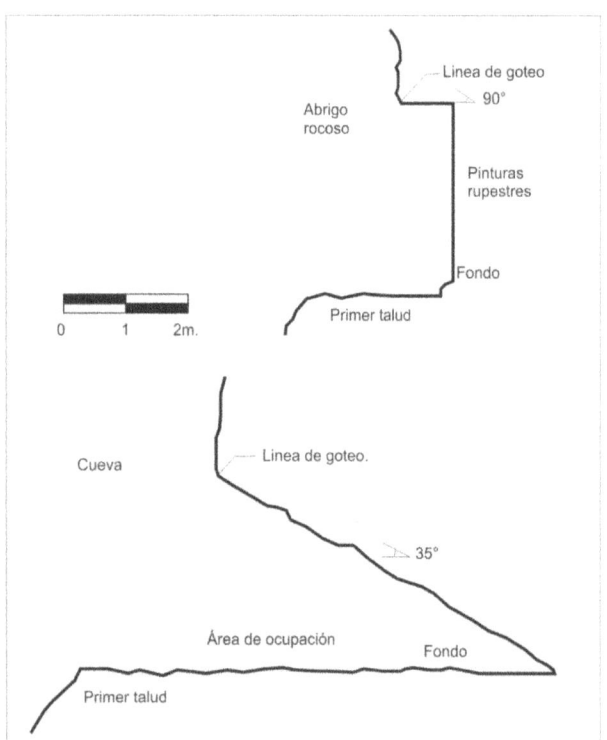

Figura 34. Dibujo de corte de la cueva y la pintura El Chivato.

Figura 35. Vista de la pintura rupestre en asociación a la cueva.

La pintura rupestre "El Chivato" como un espacio social

Figura 36. Pintura El Chivato plasmada sobre la pared rocosa previamente trabajada.

imagen que sobresale en la pintura por su tamaño es antropomorfa y se encuentra centrada en la parte superior. Sus extremidades inferiores están en escuadra y las superiores se presentan semiextendidas hacia arriba, mostrando las manos; su cabeza es de forma irregular, se asemeja a un triángulo invertido y se han dejado espacios sin pintar para indicar los ojos y la boca. Esta última se observa semiabierta, enseñando los dientes superiores que fueron remarcados de pintura blanca (figura 37-A).

Con un orden de izquierda a derecha y de arriba hacia abajo, la siguiente imagen está conformada por tres figuras antropomorfas, de menores dimensiones que la anterior, que se pueden agrupar debido a su cercanía. La primera presenta las extremidades inferiores en escuadra, sus brazos están extendidos hacia los lados y su cabeza es de forma ovalada sin rasgos faciales.

La segunda es la figura principal de esta imagen, indicada por su trazo más grueso; sus extremidades inferiores están extendidas, al igual que las superiores, que se observan

Figura 37. Imágenes que componen la pintura El Chivato.

hacia los lados y en las que se distinguen las manos abiertas mostrando los dedos; su cabeza es circular sin rasgos faciales y sobre ella se aprecia una curvilínea que cubre esta figura y otra más. Ésta última es la tercera de la imagen, es la más pequeña de las tres, sus extremidades se encuentran en la misma posición que las de la anterior, aunque el tronco no se prolonga hasta la altura de los pies como en las otras figuras; su cabeza es circular sin expresiones faciales y sobre ella, en los extremos, se notan dos elementos de forma irregular; se percibe como una reproducción en menor tamaño de la figura anterior (figura 37-B).

A la misma altura que la imagen anterior, en el extremo derecho se ve la representación de una figura zoomorfa de perfil hacia la derecha; su cola está marcada con una línea recta que sale del tronco hacia arriba en donde termina en forma de V; el tronco es una línea recta horizontal de la que salen las patas y en donde se distingue una línea inclinada que indica que el animal es macho; en su cabeza se observa un ojo y el hocico está abierto, y de la parte superior salen dos curvilíneas que representan la cornamenta. Por estas características el animal representado es un ciervo. Además, debajo de este animal se distinguen unas líneas rectas de forma vertical sin poder determinar su forma específica (figura 37-C).

Continuando con la descripción, se distingue otra figura antropomorfa de color más tenue que presenta la misma posición que la primer figura descrita (A), la diferencia radica en que no presenta rasgos faciales y que con su mano derecha sostiene un elemento circular (figura 37-D). Al costado derecho de ésta se encuentra una imagen compuesta de una figura antropomorfa y otra zoomorfa (figura 37-E).

La primera tiene sus extremidades inferiores en escuadra, distinguiéndose los pies y las extremidades superiores se presentan semiextendidas hacia arriba; su cabeza es de forma ovalada sin rasgos faciales y da la impresión que está de perfil, aspecto que también se observa en los pies; a un costado de su brazo derecho tiene un elemento circular. Esta figura está unida en su parte inferior a otra zoomorfa con características similares al ciervo descrito (C), sólo que su posición de perfil es hacia la izquierda; su cola está de forma horizontal, su cabeza no tiene ojos, su hocico está cerrado y la cornamenta es más curva. Asimismo, asociadas a estas figuras se ven: una línea en forma de L, bajo el ciervo, y una curvilínea, a su costado izquierdo. Esta imagen ocupa la parte central de toda la pintura.

La siguiente figura es antropomorfa y difiere de las demás en cuanto al trazo, que es más delgado, y a su forma ya que las extremidades presentan una posición diferente, las piernas se observan más largas y los brazos al parecer están pegados al cuerpo; su cabeza está delineada y no presenta rasgos faciales, asimismo, a la altura del tronco se observa una línea horizontal que lo cruza. Esta figura está asociada a otras tres: una localizada en su costado izquierdo y las otras dos en su lado derecho, aunque no es posible distinguir su forma (figura 37-F).

Finalmente, en la esquina inferior derecha se tienen en asociación dos figuras antropomorfas, ambas exhiben las extremidades inferiores en escuadra y las superiores semiextendidas hacia arriba, su cabeza está expresada por un círculo sin rasgos faciales. Además, la figura de la izquierda presenta un elemento de forma irregular localizado entre la cabeza y su brazo izquierdo y la figura de la derecha sostiene un elemento circular sobre la mano derecha (figura 37-G).

8.3. Interpretación

Continuando con el tercer y cuarto nivel de conocimiento vemos, de forma general, que las figuras guardan cierta escala entre ellas, aunque las que se ubican al centro son de menor tamaño (B, C y E). Unas presentan asociación entre ellas formando parte de distintas imágenes (B, E, F y G) y cabe mencionar que las A y C son las únicas que muestran rasgos faciales. Asimismo, con base en la técnica, color, forma, proporciones y distribución de las figuras que conforman la pintura El Chivato, se puede decir que fueron realizadas en un mismo periodo de tiempo y que, en su conjunto, expresan una realidad.

Aunado a esto se debe tener presente que la pintura, por encontrarse en la ladera del cerro sobre el que se localiza El Alvarado y a poca distancia del área central, se reconoce como un elemento más del sitio. De tal forma, si consideramos que la mayor ocupación de éste ocurrió durante la fase Ramos, es factible que haya sido reproducida por la gente que lo habitó en ese tiempo.

Al respecto, consideramos pertinente hacer notar que en esta zona de la Mixteca Alta algunos sitios fechados para esta misma temporalidad, con base en trabajos de superficie, están asociados a pinturas rupestres que se localizan en las paredes rocosas de los cerros sobre los que estos se encuentran. Ejemplo de ello son: el sitio 6 dentro del área de estudio, que presenta pintura sobre la pared rocosa, denominada Peña Colorada; el asentamiento que se ubica en la cima del cerro El Gachupín en el municipio de Magdalena Peñasco[1] así como el que se localiza en la cima del cerro El Peñasco en el municipio de San Mateo Peñasco[2] y las pinturas en el poblado de Yosojica del municipio San Agustín Tlacotepec.

Las pinturas de estos sitios son morfológicamente similares a las descritas para El Alvarado. Un estudio enfocado al análisis de estas representaciones en asociación a los sitios sería muy importante, ya que se podría pensar en un estilo específico en las manifestaciones gráficas rupestres

---

[1] Estos dos sitios fueron fechados durante el recorrido realizado en la Mixteca Central Oeste, el primero se registró con la nomenclatura CAL6 y el segundo con la SMP14, pero no se mencionan las pinturas rupestres (Kowalewski, Balkansky, et al. 2009:234 y 257).
[2] Este sitio fue trabajado por Heredia (2002:22).

para esta zona y, al mismo tiempo, establecer con mayor certeza su temporalidad. Por el momento, conjuntando la evidencia de los otros sitios y la que se tiene en El Alvarado, pensamos que es factible la asociación de estas manifestaciones con la fase Ramos[3].

Analizando la ubicación puntual de la pintura El Chivato dentro del sitio vemos que es en un lugar de difícil acceso, debido a su posición sobre la cañada; la forma más directa y sencilla de llegar es desde la Terraza 1, siguiendo un camino estrecho e inclinado en forma de zigzag, lo que indica que no es una superficie transitada constantemente. Esto lo convierte en un espacio poco accesible y hasta cierto punto restringido, además, el área al exterior de la cueva en donde se localiza la pintura es reducida, de aproximadamente 10 metros cuadrados, por lo que se sugiere que el número de personas que acudía también lo era. Asimismo, este espacio no es visible desde otra parte del sitio, y fuera de él únicamente se distingue la cueva. Estos aspectos señalan que la idea plasmada en la pintura estaba dirigida a un cierto sector de la sociedad de El Alvarado.

A manera de conclusión, se puede decir que de forma conjunta las manifestaciones gráficas de El Chivato representan aspectos sociales y del entorno de la sociedad que habitó el sitio durante la fase Ramos. En primera instancia se observa una figura central que sobresale de las demás (A), en este caso pensamos que tiene algún vínculo con la persona o un grupo de personas que dirigen la organización político-religiosa de este pueblo y que residen en el área central del sitio. Cabe mencionar que, para este tiempo, en Huamelulpan se tiene una escultura de piedra que es considerada una de las primeras representaciones de gobernantes mixtecos (Jansen y Pérez 2009a:17-18). Ambas manifestaciones nos podrían estar indicando la necesidad que tienen los habitantes de plasmar a sus personajes principales o ancestros en elementos que trasciendan en el tiempo.

La siguiente imagen puede estar indicando una reunión llevada a cabo al interior de una cueva (B), esta última señalada por la curvilínea que pasa sobre la cabeza del personaje principal de esta imagen. Por su posición respecto a la figura anterior muy probablemente se trata de la cueva en donde están las pinturas, es una forma de integrar un elemento natural significativo y representativo del entorno. Continúa la representación de un ciervo (C) con el que se hace alusión, primero, a la importancia de estos animales dentro de la cosmovisión del grupo y, segundo, a la caza[4]; la asociación del venado con actividades de caza se ha manejado para otros sitios (Breen 1999:55; Viramontes 1999a:92). Un ejemplo en la región es la pintura de un venado atravesado por una flecha, ubicada en las cercanías del municipio de Santa Lucía Monte Verde, Putla.

Otra imagen que deja ver la relevancia del ciervo es la que muestra a un personaje en relación directa con este animal (E), al parecer ambos están en movimiento, aunque es difícil llegar a una explicación de la escena con este primer acercamiento. Estas cuatro imágenes (A, B, C y E) localizadas al centro pensamos que hacen referencia a algunas actividades sociales a nivel interno y a elementos naturales relevantes para el grupo.

Finalmente, en la parte inferior de la pintura aparecen cuatro personajes más casi del mismo tamaño que la figura central, cada uno de ellos lleva un objeto consigo difícil de identificar que les otorga una particularidad, posiblemente se trate de los señores que gobernaban pueblos vecinos. Esta característica, aunque en un contexto totalmente diferente y con otra connotación, nos hace pensar en lo visto en los códices posclásicos de la Mixteca, en donde los personajes representados aparecen con un nombre calendárico y un sobrenombre que les atribuyen una identidad propia (Caso 1996:30).

Con lo anterior, vemos que las pinturas y el espacio en el que se encuentran son un elemento importante que se integra al paisaje natural y social del sitio. Asimismo, en éste se reproducen algunos principios de ordenación vistos en la arquitectura, como el eje y la simetría indicados por el personaje principal. Al mismo tiempo, este personaje representa el espacio central y dominante que en arquitectura está dado por la plaza cerrada y el montículo mayor.

---

[3] Cabe mencionar que también existen pinturas de este estilo para el periodo colonial, lo que nos habla de una técnica de larga duración.
[4] Esta actividad no debe verse únicamente como obtención de recursos sino considerar que forma parte de diferentes ámbitos de una comunidad, como el social, simbólico y ritual (Dehouve 2008:4).

9

Condiciones de tránsito

9.1. El tránsito al interior de sitios arqueológicos

Teniendo un conocimiento del espacio natural y construido del valle de Tlaxiaco, el siguiente aspecto importante a considerar, enunciado por la ArPa, es la percepción que tenían las personas que habitaron ese paisaje. Para ello se realizarán el análisis de tránsito (capítulo 9) y el de visualización (capítulo 10), ambos complementarios y con los que se pretende generar una idea dinámica y viva tanto al interior de los asentamientos -basándonos en El Alvarado- como en el valle.

Como evidencia del tránsito por un espacio determinado se tienen los caminos que forman parte del paisaje, los cuales pueden durar o desaparecer a través del tiempo. Estos son una forma de cómo los seres humanos organizan el espacio social a partir del geográfico (Fournier 2006:37) y tienen como función primordial comunicar diferentes espacios, lo que conlleva al flujo de ideas y objetos. La existencia de un camino es el resultado de diferentes experiencias que llevaron a la elección de la ruta más conveniente que se formalizó con el tiempo por el uso continuo de sus caminantes (Fournier 2006:27; García 2006:67; Ortíz 2006:38).

Para la época prehispánica existen diferentes tipos de caminos que pueden ser cortos o largos, sencillos o elaborados y de diversa índole. Muestra de ello, además de la evidencia arqueológica que veremos a continuación, son los diferentes términos en mixteco referentes a "camino" que se manejaban en la Mixteca Alta en el siglo XVI y que fueron registrados en el diccionario de Fray Francisco de Alvarado (Jansen y Pérez 2009b:42), como:

- *ichi* : calle ; vía
- *ichi caa* : calle
- *ichi caa ndozo nino* : calzada
- *ichi caa nduq* : cruzada o encrucijada de cuatro caminos
- *ichi cahi* : camino ancho
- *ichi cana* : camino áspero y pedregoso
- *ichi cane* : barrial camino resbaloso
- *ichi cuiñe* : angosto camino ; atajo de camino; vereda o senda
- *ichi tuu* : camino angosto
- *ichi yaya cahi* : camino real
- *ichi yondevui huahi* : camino que va a alguna casa
- *ichi yosaha ñuu* : puerta de ciudad
- *ichi yosico tnanu* : camino torcido

De esta manera, en este apartado hablaremos del tránsito y de los caminos. Primero mostraremos la dinámica al interior de los sitios y posteriormente expondremos la que existió entre los diversos sitios que conformaron el Valle de Tlaxiaco durante la fase Ramos.

El tema sobre la circulación al interior de los sitios y entre estos ha sido abordado principalmente en el área maya. Esto debido a las características propias de los asentamientos que se distribuyen de forma continua sobre las planicies y a la construcción de grandes y extensos caminos (sacbeob) que son visibles en superficie y factibles de reconocer con fotografías aéreas. En las tierras bajas del norte de Yucatán se han identificado dentro de los sitios caminos interiores que se construyeron desde el Preclásico Tardío y que fueron la base para el desarrollo de los caminos exteriores del Clásico (Maldonado 1995:88).

Asimismo, durante esta fase temprana se tiene para la región Mezcala en Guerrero el sitio de Cuetlajuchitlan, que presenta como parte de su traza urbana la intersección de dos ejes transversales (calles) de los que se desprenden pasillos paralelos (Manzanilla 2006:46). Estos ejemplos dejan ver la existencia de elementos arquitectónicos pensados para el tránsito interno como parte esencial en la construcción de sitios tempranos.

En la región de la Mixteca Alta la presencia de calles y pasillos que comunican los diferentes espacios dentro de un sitio se observa también en asentamientos de la fase Ramos (300 a.C.-300 d.C.). Muestra de ello es la calzada de Monte Negro, en Tilantongo, que mide aproximadamente 100 m de largo por 4-6 m de ancho que cruza la ciudad con un eje de oriente a poniente, conocida también como *Ichi Iya* (Camino de los Gobernantes) (Acosta y Romero 1992:49 y Geurds 2007:80). Está también la escalinata y las calles localizadas al interior del sitio de Cerro Jazmín en Yanhuitlan, que conectan las áreas cívico-ceremoniales de la cima con los sectores residenciales (Pérez 2008b:11, 2012 y 2016).

Los elementos arquitectónicos que condicionan el tránsito por un sitio son también importantes dentro de la estructura social y religiosa del grupo. Generan en el individuo una determinada percepción del paisaje (espacio en cuanto entorno físico, social y pensado) en el que está inmerso. A continuación se describen algunos ejemplos que dejan ver estos aspectos en sitios de diferente temporalidad.

Las estructuras tipo portal descritas para Monte Negro (estructura R1 y Templo T), que además de su función básica de conectar dos espacios diferentes, encierra otros aspectos del grupo menos perceptibles pero de mayor importancia y profundidad social. Por su ubicación y forma, se menciona que la estructura R1 sirvió más como una barrera ideológica en donde el camino dejó de ser un simple camino y se convirtió en un camino sagrado. Por otra parte, de acuerdo a sus características arquitectónicas y a la presencia de un glifo se considera que el Templo T tuvo una función ritual, como un rito de paso. En una interpretación más allá de lo material se entiende que ambas estructuras fueron percibidas como dos umbrales dentro del sitio (Kisjes 2001:164 y 167).

Asimismo, un estudio que contempla la circulación interna por un sitio es el realizado en Cuthá. Este asentamiento se ubica en el Cerro de la Máscara en la Mixteca Baja (al este de la población de Zapotitlán Salinas) y presenta su mayor ocupación para el Clásico (300-900 d.C.). La relación entre los diferentes espacios construidos que lo integraron y el tránsito entre ellos son un indicador de que en su planeación y edificación se contemplaron, además del trabajo y los materiales requeridos, necesidades sociales del grupo que lo habitó (la élite gobernante de la región). Estas necesidades sociales incluyen las formas de convivencia, tránsito e incluso privacidad, dejando ver la importancia política y social que tuvo este asentamiento (Castellón 2006:165-174).

Para el Posclásico (900-1521 d.C.), en el sitio Yucundaa de Teposcolula se tiene La Gran Calzada de las Cuevas en forma de anillo. Esta calzada, además de delimitar el centro principal de la ciudad, de servir como eje para calles y caminos que radiaron de ella y de conectar docenas de cuevas y numerosas estructuras y áreas de actividad, constituye un gran complejo ritual ceremonial. A lo largo de este se llevaron a cabo, en las diferentes cuevas, diversos rituales (Matsubara, Tenorio, et al. 2014; Spores 2008:267-269; 2009:49-51).

Para esta misma temporalidad, en los sitios de Chalcatongo Viejo y *Nuu Vishi* se identificaron varios elementos arquitectónicos que direccionan la circulación, como terrazas, rampas y accesos. Gracias a esto se propuso la circulación al interior de estos grandes sitios, la cual se interpretó como parte de procesiones rituales que pasaban por los diferentes conjuntos ceremoniales que los conformaron. De esta manera los edificios religiosos se conectaron entre sí a partir de estas líneas rituales (Jiménez y Posselt 2018:441-450).

9.2. El tránsito en El Alvarado

En el espacio construido el análisis de movimiento, que incluye un análisis de circulación y un análisis gamma, permite conocer la red de permeabilidad y establecer las relaciones entre los diferentes espacios arquitectónicos. Para el caso de estudio éste nos ayudará a generar una idea a cerca de la estructura interna de El Alvarado y, al mismo tiempo, del resto de los sitios con arquitectura.

El lugar de emplazamiento de un sitio arqueológico, que incluye la figura fisiográfica sobre la que se sitúa, su posición puntual dentro de ella y su orientación, va a ser el primer factor que influirá en el tipo de tránsito llevado en su interior. Arquitectónicamente, la circulación va a estar indicada por ciertos elementos como calles, rampas, escaleras, desniveles, entradas, estructuras, lugares abiertos y cerrados, etc. Asimismo, existen componentes naturales como la roca madre, fuentes de agua, suelos, peñas y cuevas, por mencionar algunos, que son retomados y aprovechados para direccionar el movimiento.

En el caso de El Alvarado, vemos que la forma de aproximarse hacia él, así como el movimiento en su interior están dados en función a su organización espacial que parte principalmente de su lugar de emplazamiento. Como se describió en el apartado 7.2 la organización espacial de este sitio arqueológico se distingue por ser centralizada, ordenada con un eje de sur a norte, de forma simétrica bilateral y en la que se emplean principios de jerarquía. Asimismo, el tránsito se verá determinado por los tres espacios generales que componen al sitio: área central, área habitacional y área de cultivo.

El acceso principal al sitio está marcado por la fisiografía del área, siendo por la dorsal ubicada en su lado norte ya que presenta una suave pendiente por la que se puede llegar sin mucha dificultad. Incluso hoy en día esta sigue siendo la parte más accesible, hecho que pudimos constatar durante nuestras diferentes visitas.

Otra forma de aproximarse es por su ladera este, sin embargo, debido a que la pendiente es un poco más pronunciada y con diversos afloramientos rocosos, este acceso pudo haber sido secundario. Debió ser utilizado principalmente por la población local ya que comunica con otras áreas, como la de cultivo y la del río Tablas, a diferencia del primer acceso por donde pensamos que pudieron circular además de los locales, gente externa. Por sus costados sur y oeste es casi imposible acceder debido a la pendiente abrupta del terreno formado por la cañada.

En el área habitacional el movimiento es por las terrazas y, como se observó con la excavación de la Terraza 2, se da de forma general a través de una calle que la circunda. Este elemento podría estar presente en cada terraza y conectar las diferentes unidades habitacionales. Asimismo, pensamos que algunas habitaciones se conectaban internamente por medio de pasillos.

El paso de una terraza a otra es por pequeñas rampas que generalmente se ubican en los extremos o, en algunos casos, en puntos intermedios de las terrazas a través de escaleras. En algunos casos las terrazas más alejadas del área central, que son principalmente las del lado este, presentan afloramientos rocosos que funcionan como accesos y fueron integrados a los muros de contención de forma armoniosa.

La circulación del área habitacional al área de cultivo (separadas aproximadamente por 60 m) ocurrió por la ladera este del sitio sin que se identifique un sólo camino. Esto a diferencia de lo que pasa en otros sitios de la misma temporalidad, en donde las terrazas de cultivo son prácticamente una extensión de las habitacionales. En El Alvarado, entre estas dos áreas se percibe una continuidad espacial ya que no existe algún elemento arquitectónico que las separe, además, la pendiente del terreno es factible de ser transitada fácilmente. El paso entre las terrazas de cultivo es por los extremos, siguiendo el desnivel natural del terreno tal como se observa actualmente en las terrazas que son reutilizadas en la región (figura 38).

Por su parte, entre el área habitacional y el área central existe una restricción muy marcada debido a la altura del muro de la plataforma que sirve de desplante de esta última área. De tal forma, el tránsito se realiza en un inicio por el área habitacional, a través de las calles en las terrazas, y posteriormente, para pasar el muro señalado, se utilizan dos rampas de acceso. La rampa más amplia se ubica al norte y la pequeña, que comunica con otras dos terrazas, se localiza al este. Las dimensiones de ambas indican que fueron empleadas por un mayor número de personas en comparación con aquellas que comunican las terrazas.

Pensamos que estas rampas funcionaron y se percibieron como umbrales, los cuales guiaban al área ceremonial del sitio y dejaban atrás el área habitacional. Una persona local o foránea pasaría saludando a las personas entre las casas y cambiaría su actitud al cruzar estos umbrales. Los comparamos simbólicamente con los portales vistos en Monte Negro (estructuras R1 y Templo T), aunque arquitectónicamente fueron diferentes.

Por otro lado, la circulación del exterior del sitio hacia su área central es a través de las terrazas habitacionales, subiendo principalmente por sus extremos. No se distingue un único camino que conduzca de forma directa, a diferencia de otros sitios contemporáneos mayores como Cerro Jazmín y Monte Negro en donde existen accesos monumentales en forma lineal que dirigen al centro.

La manera de aproximarse al área nuclear de El Alvarado nos hace pensar que los espacios cívico-ceremoniales más importantes congregaban principalmente a la población local y que la afluencia de gente externa proveniente

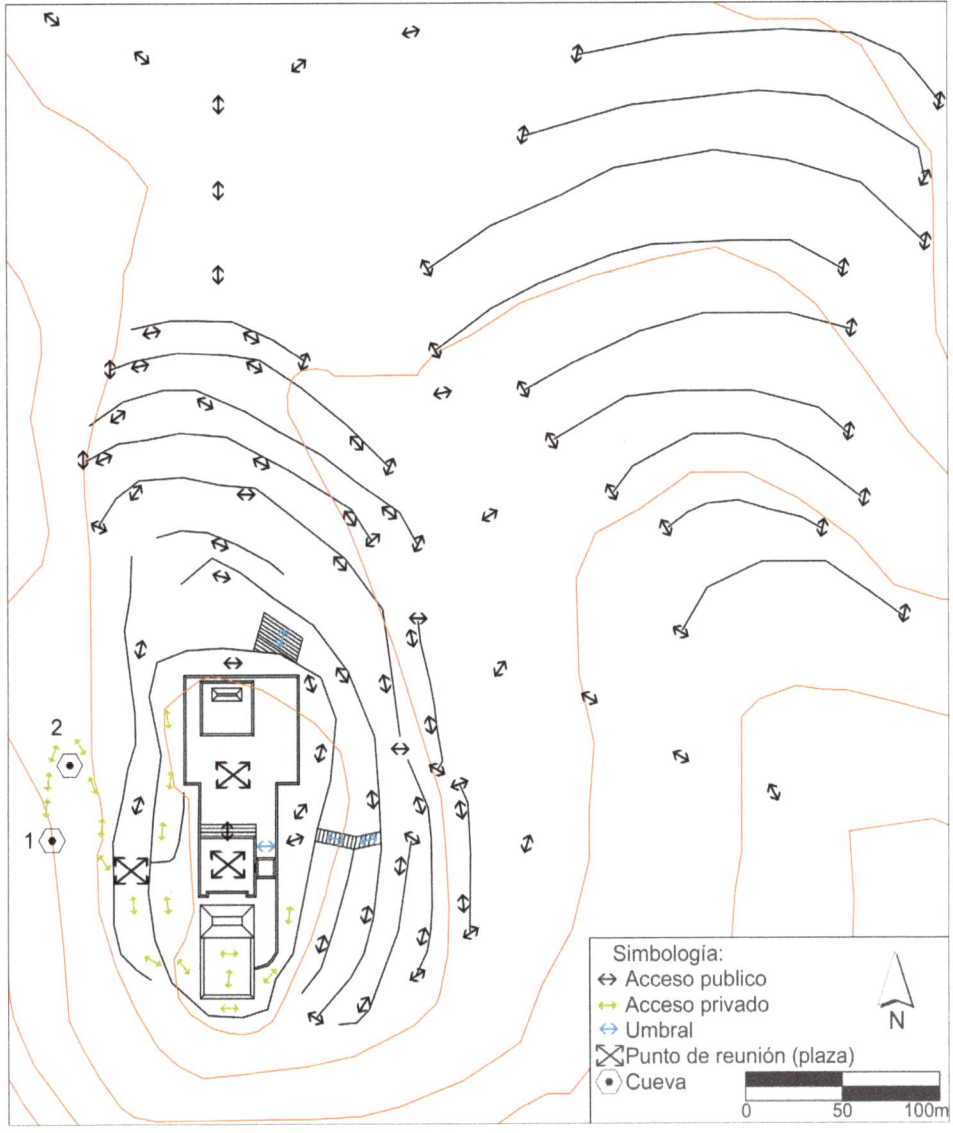

Figura 38. Mapa en el que se indica el tránsito entre los diferentes espacios que componen El Alvarado.

de lugares cercanos ocurría en menor medida. Esto es contrario a lo que se conoce sobre los grandes sitios que funcionaron como cabeceras regionales, en donde los espacios centrales estaban destinados para albergar un gran número de personas que los visitaban continuamente, tal como lo indican los restos asociados a ceremonias localizados en Yucuita (Spores 1972:180).

Estando ya en la parte superior de la gran plataforma se observan todos los edificios y las dos plazas de carácter sagrado. Siguiendo con el análisis de transito vemos que después de cruzar los umbrales (las dos rampas) se camina un poco para llegar a la plaza principal. El acceso a esta plaza es por su costado este, pasando por una plataforma baja que sirve como un desnivel localizado al norte de la Plataforma 1. Esta estructura representa la única entrada hacia la plaza y es el último elemento arquitectónico que conduce al punto principal de reunión. Pensamos que esta estructura funcionó como otro portal, un elemento arquitectónico similar al reportado para Monte Negro.

La plaza central es el punto principal de reunión y por medio de una rampa amplia da acceso a la plaza localizada al norte, ambas representan el destino final de la circulación masiva. Es importante destacar que el acceso desde la plaza principal hacia el montículo mayor es restringido ya que en su cara frontal no hay evidencia de escalinata, además de que el paramento es muy vertical. La única forma de llegar a la parte superior del montículo es por su parte posterior, en donde se ubican las estructuras residenciales.

El espacio en donde se localizan las residencias es de circulación restringida porque únicamente transitan las personas de la clase noble. El acceso es por el lado sur, en donde se distingue una especie de calle en la que se reutiliza la roca madre. Esta calle conduce el movimiento en su lado este hacia las rampas de acceso y en su lado oeste hacia la Terraza 1, en donde se localiza otra plaza importante.

Otra forma de llegar a la Terraza 1 es por el lado norte de la gran plataforma, por esta sección la circulación es mayor por la amplitud de la terraza. En esta terraza se identificó una pequeña plaza, la cual presenta unos escalones (figura 44) que conectan con una vereda que baja hacia la Cueva de los Huesos y la Cueva El Chivato. Esta vereda es estrecha y con una pendiente pronunciada, por lo que las personas que caminan por ahí tienen que hacerlo en fila. Esto nos sugiere que la circulación por esta vereda era restringida.

El contemplar el tránsito al interior de El Alvarado permite concebir sus diferentes espacios de una forma dinámica, como un paisaje social que formó parte de la vida cotidiana de sus pobladores. Con los movimientos antes descritos se puede concluir que la circulación al interior de éste se daba de dos formas: privada o restringida (al interior de las unidades habitacionales, residencias y espacios de carácter religioso, como las cuevas) y pública o de manera libre (en las terrazas de cultivo, entre las terrazas habitacionales y en las plazas).

Asimismo, que la circulación estuvo condicionada principalmente por los diferentes elementos arquitectónicos, lo que sugiere una gran planeación en la organización espacial del sitio que contempló, además, el tránsito dentro y entre los diferentes espacios sociales. Esto nos indica que fue igual de importante la planeación de un sitio cabecera que la de un sitio de menores dimensiones como El Alvarado.

Los datos obtenidos de este análisis en El Alvarado son, en parte, resultado de vivencias y de una observación detenida en el sitio durante un tiempo considerable. Este hecho no pudo repetirse en el resto de los asentamientos, por tal motivo, la descripción del tránsito en su interior se abordará de una manera general.

La aproximación hacia los 7 sitios, indicada en gran medida por las condiciones fisiográficas del terreno, es la siguiente: para el sitio 1 no se puede determinar un acceso principal ya que es factible ascender al cerro por sus laderas norte y sur; por ubicarse en una ladera baja, el sitio 2 es accesible desde el valle que se encuentra al este; el sitio 4 se localiza entre dos valles, uno al este y otro al oeste, siendo estos lados por donde se puede subir; al sitio 5 se puede llegar por sus lados este y sur, que son de pendiente suave; en el sitio 6 es posible distinguir un acceso principal desde el norte y otro secundario desde el este; finalmente para los sitios 7 y 8 la aproximación más viable desde el valle es por su lado oeste.

La circulación al interior de los sitios con arquitectura es muy similar a la vista en El Alvarado, esto debido principalmente a la disposición de las tres áreas que los conforman. Vemos que de las terrazas habitacionales a las de cultivo la circulación es directa y se puede llegar desde diferentes puntos, la continuidad espacial entre estas dos áreas es evidente.

El movimiento del área habitacional hacia el área central es restringido, ya que éste se da por medio de rampas, teniendo uno o dos accesos. Esta limitación es muy clara para los sitios 1 y 6 ya que la plataforma base del área central tiene casi 2 m de altura, siendo menos notoria para el resto de los asentamientos (4, 5 y 7) debido a la pendiente suave de la loma que ocupan y a que su plataforma base es más baja, de aproximadamente 1 m de altura.

Estando en el área central, el acceso al montículo principal y al área residencial también es restringido. Asimismo, cabe señalar que en ningún sitio se observa una calle principal que dirija el tránsito del exterior a esta área de forma directa, en este caso el transito se dio a través de las terrazas.

En resumen, se puede decir que, al igual que en El Alvarado, en el resto de los asentamientos se reconocen espacios de circulación libre o restringida que les confieren un carácter público o privado. Asimismo, que la afluencia de gente de otros lugares no era tan común, ya que la circulación hacia las áreas centrales era a través de las terrazas y no de forma directa.

9.3. El tránsito al exterior de sitios arqueológicos

El tránsito de una sociedad no se limita al interior de su asentamiento, éste se proyecta hacia otros lugares y repercute en diferentes aspectos culturales. Ejemplo de esto son las rutas de peregrinación en tiempos precoloniales que han sido identificadas en el antiguo reinado de *Ñuu Ndaya* (Pueblo de los Ancestro) o Chalcatongo. Éstas parten de asentamientos precoloniales hacia santuarios (construidos y naturales) y nos dejan ver los patrones de movimiento y los tipos de santuarios que se visitaban, asimismo, nos permiten entender la conceptualización de estos lugares (Jiménez y Posselt 2018:451-456 y 470-474).

En Arqueología, el tema referente a tránsito ha sido abordado principalmente con estudios sobre rutas de intercambio que permiten establecer relaciones entre las diferentes sociedades. Desde el Preclásico Temprano varias regiones intercambiaban ideas y objetos como serpentina, concha, carapacho de tortuga, espina de mantarraya, magnetita, obsidiana y cerámica, las tres últimas reportadas para la Mixteca Alta (Flannery y Marcus 2007). Por ejemplo, estudios en el sitio preclásico de Etlatongo muestran que la obsidiana provenía de nueve yacimientos distantes y con base en esto se interpreta que fue un sitio mixteco con gran complejidad sociopolítica y que participó en varias redes de intercambio (Blomster 2005).

Posteriormente, para la etapa de los centros urbanos Mixtecos (600 a.C.-800 d.C.) surge una nueva forma de intercambio. Los bienes (obsidiana) fueron concentrados y redistribuidos a través de mercados que se localizaban en los grandes centros como Yucuita, a los que acudían sus habitantes y los pueblos dependientes (Winter 1979).

Un trabajo a gran escala es el que identifica los diferentes corredores de movimiento precoloniales y coloniales tempranos en Oaxaca a través de programas computacionales. Este estudio se basó tanto en evidencia arqueológica como en documentos históricos. Lo interesante de este planteamiento es que no parte de una ruta entre dos sitios sino que establece diversas rutas entre uno y varios sitios o de varios a varios sitios, generando una multiplicidad de rutas (White y Barber).

Sin embargo, hablar de tránsito implica, además de la identificación de rutas o caminos, considerar las experiencias, historia y religiosidad que son vividas por sus caminantes. Para la región de la Mixteca Alta estos aspectos son visibles hoy en día en las distintas comunidades, en donde el entorno juega un papel importante. Al respecto cabe resaltar que para los caminos que se siguen a pie no se tienen señales con el nombre de las poblaciones ni se indica la dirección que debe tomarse. Esta información se recibe verbalmente y se basa en el límite de tierras o de las casas, los elementos topográficos, vías fluviales, cordilleras, pasos, colinas y árboles. Todos estos elementos tienen su nombre en mixteco o náhuatl y algunas veces en español (Ravicz 1965:68).

Como parte de las experiencias e historias relacionadas con los caminos existen muy diversos temas que describen infinidad de hechos actuales y pasados. Por ejemplo, se tiene el relato del camino de Yosondúa a Cuanana, en el que algunos parajes se asocian con hechos históricos:

> Durante las tres primeras horas, el caminante puede extasiarse contemplando a distancia un arbolado, aislado, en una meseta, que los avezados como Jorge Fernando Iturribarría, siempre identifican como el pueblo de San Mateo Xindihui; escenario histórico donde el juarista Ignacio Alatorre venció al porfirista Mier y Terán, y Xindihui sirvió de tumba a la revuelta de la Noria el 22 de diciembre de 1871 (García 1997:102-103).

Un caso de origen prehispánico en relación a un suceso en un camino quedó registrado en el códice Añute (o Selden). Éste hace referencia al viaje que emprendió la Señora 6 Mono en compañía de dos sacerdotes, en el año 13 conejo (1090 d.C.) día 9 serpiente, con motivo de su boda (figura 39):

Figura 39. Escena del códice Añute (página 7) que narra un incidente que vivió la Señora 6 Mono durante un viaje que hizo por el motivo de su futura boda (tomada de Jansen y Pérez 2007:206).

Cuando la comitiva llegó al Monte de La Luna y al Monte del Insecto, que son dos lomas de Monte Albán (Yucu Yoo y Tiyuqh) por donde pasaba su camino, fue detenida por dos hombres, que llegaron corriendo a su encuentro. Eran dos sacerdotes mayores de Zaachila, llamados señor 6 Lagartija y señor 2 Lagarto. Desde lo alto de la montaña gritaron "cuchillo, cuchillo, cuchillo" ("yuchi, yuchi, yuchi", que significa morirás por un cuchillo). Alarmada por lo que interpretó como una maldición o amenaza, la señora 6 mono interrumpió su viaje de casamiento (Jansen y Pérez 2007:206-207).

También hay aspectos sagrados que se relacionan con los diferentes elementos naturales que se encuentran en los caminos. Un caso específico muy recurrente en la Mixteca Alta son los afloramientos rocosos denominados *ndoso* (rey antiguo o gran señor) que en ocasiones se ubican a orilla de los caminos (Jansen 1978:6, Jiménez y Posselt 2018:251). Estos *ndoso* o afloramientos de roca los observamos cuando transitamos por algunos Caminos Reales, los cuales están rodeados por pequeñas piedras a manera de ofrendas y pedimentos. Para las primeras se eligen "piedras con forma", brillo o color y para los últimos se toma cualquier piedra pequeña, antes de que ésta sea depositada en el afloramiento rocoso se frota en los pies del caminante para que el *ndoso* le quite el cansancio y le permita seguir andando (figura 40).

Figura 40. *Ndoso* a orilla de un camino real.

Además de estos rituales que se llevan a cabo durante los viajes existen otros que se realizan antes de la partida, como la adivinación para saber los resultados de una salida y el tiempo propicio para realizarla, asimismo, los sueños ayudan frecuentemente a actualizar los peligros de los viajes nocturnos (Ravicz 1965:69). La incertidumbre que existe alrededor de los viajes largos (religiosos, de guerra, por comercio, etc.) ha sido una constante a través del tiempo y entre los diferentes pueblos. Para el caso de los mexicas, un día antes de salir de viaje los mercaderes realizaban una ceremonia en donde se ofrendaba a diferentes deidades, dentro de ellos a Zacatzontli y Tlacotzontli, dioses del camino (Sahagún 1998:799).

Finalmente, dentro de la religión mixteca existen otros tipos de viajes que trascienden los caminos físicos. Estos son frecuentes en las narrativas orales que hacen referencia a caminos subterráneos que comunican dos lugares distantes, teniendo como entrada diferentes oquedades como cuevas, *tunchis* (túneles verticales), sótanos e incluso los hoyos realizados por saqueos a los montículos principales de los sitios arqueológicos. Interesantemente, este tipo de caminos es señalado en los códices, un ejemplo es la escena en la que se narra el viaje que realizó la Señora 6 Mono por un paso subterráneo hacia el Templo de la Muerte (figura 41) (Jansen y Pérez 2007:201 y 309).

Otro ejemplo de viajes que trascienden los caminos físicos, también mencionado en las narrativas, es el que realizan las almas de las personas que fallecen hacia Yuku Kasa, cerro ubicado en Itundujia (Avedaño 2003:32; Jansen y Pérez 2007:188). De la misma forma, en Yuta Nduchi de Guerrero en la Mixteca Alta se tiene la costumbre de poner huaraches de palma a los difuntos, esto para que puedan transitar por el camino de espinas que los conduce hacia el otro mundo.

Las situaciones antes descritas representan algunas vivencias que se desprenden directamente del tránsito por la Mixteca Alta. Con ello queremos mostrar que los caminos de una determinada población están cargados de significado y expresan parte de su historia y religión. Los caminos ligan el presente con el pasado precolonial, y aunque no se cuenta con una evidencia palpable-material, es probable que esta carga simbólica y diferentes vivencias asociadas a los caminos estuvieran presentes también en la fase Ramos.

Figura 41. Escena del códice Añute (página 6) que muestra el paso de la Señora 6 Mono por un camino subterráneo (tomada de Jansen y Pérez 2007:200).

9.4. El tránsito en el valle de Tlaxiaco

Enfocándonos en el área de interés, debemos considerar que para establecer la malla de movimiento en el valle de Tlaxiaco es necesario analizar la relación entre los 8 asentamientos arqueológicos con el movimiento y las vías naturales de comunicación. Con este análisis estableceremos, primero, las diferentes rutas de aproximación y, después, la red de permeabilidad o transito dentro del valle. Ambos estudios nos ayudarán a entender mejor las relaciones entre los sitios y su integración como unidad política.

Para este análisis se considerarán: 1) las líneas naturales de tránsito, 2) las de desplazamiento y puntos empleados actualmente por las comunidades, 3) las narrativas orales de Tlaxiaco, Chalcatongo y San Miguel el Grande así como 4) la red antigua de caminos que se menciona en algunas fuentes históricas. Esta última es factible de identificar hoy en día en el terreno y se sigue empleando en ciertas poblaciones alejadas, en donde la construcción de caminos para automóviles no los ha suplantado.

La ciudad de Tlaxiaco ha sido considerada un centro importante debido principalmente a tres factores: 1) causas tradicionales, 2) actividades socioeconómicas y 3) características geográfico-naturales. Este último punto es relevante, ya que parte de la idea de que el valle de Tlaxiaco cuenta con una ubicación privilegiada por ser el paso obligado de las rutas de comunicación terrestre más importantes y cabe mencionar que cuenta con muchas entradas naturales como caminos de herradura, sinuosas veredas entre montañas y collados (Marroquín 1957:153-154) (figura 42).

Con esta observación en mente, señalaremos las rutas de aproximación o las entradas-salidas a la ciudad de Tlaxiaco que han sido utilizadas por diferentes poblaciones cercanas y distantes. Gracias a los diferentes documentos escritos podemos determinar claramente cuáles fueron y con qué poblados se comunicaban. Lo interesante de notar es que estas rutas se relacionan con algunos de los ocho sitios que estamos investigando.

Para el siglo XVI se mencionan dos caminos que comunican con Tlaxiaco: el que dirige a Mixtepec (cerca del sitio 6), que por su ubicación es también un paso para la Mixteca Baja (Burgoa 1989:54 y 56) y el que parte a Yanhuitlan (cerca del sitio 1):

> Está este pueblo de Tlaxiaco distante del de Yanguitlán diez leguas de mal camino, las tres se van derecho al Poniente, al pueblo de Tepozcolula, de la provincia de Puebla, hoy, y en medio está una sierra áspera que divide las jurisdicciones, y desde Tepozcolula se caminan seis leguas siempre al Suduoeste, por arroyos, montes, y quebradas trabajosas... (Burgoa 1989:305).

A principios del siglo XX el camino de Teposcolula a Tlaxiaco seguía la Calle Real que pasaba por los poblados

Figura 42. Camino Real en la zona de montaña de Tlaxiaco.

de San Miguel Tixa, San Felipe Ixtapa, Yolomecatl, San Pedro Yucuxaco y por las rancherías de San Martin Huamelulpam y el Rosario (Ramírez 1958:203-204). Asimismo, siguiendo esta ruta (cerca de los sitios 4 y 5), desde Tlaxiaco se llegaba a Putla y la Costa, camino al que también hace referencia Burgoa (Dahlgren 1990:196).

Para los años 50, según las narrativas orales, muchas personas de Chalcatongo seguían el Camino Real entre las montañas que los dirigía a Tlaxiaco. Este camino pasaba por los poblados de San Pedro Molinos, San Antonio Sinicahua, Guadalupe Victoria y Palo de Letra, continuaba hacia el Cerro de la Virgen y de ahí bajaba hacia el centro de Tlaxiaco. Cerca del Cerro de la Virgen se encuentra una entrada natural marcada por la cañada del río Tablas, que es conocida por los habitantes de la agencia El Vergel en Tlaxiaco como El Portón. Los habitantes mencionan que por ahí baja la gente que vive en "los pueblos de la montaña". Cabe señalar que en la parte alta de esta cañada se encuentra El Alvarado (sitio 3).

Existen también infinidad de caminos que comunican pueblos vecinos de los alrededores con el centro de Tlaxiaco, muchos de ellos utilizados desde 1777-1778: hacia el oeste[1] se tienen Santiago Nundichi (a dos leguas), San Antonio Abad (a tres leguas) y San Juan Numy; al oriente se encuentran San Pedro Mártir (cinco leguas), San Martín (seis leguas), El Rosario (tres leguas) y Santa

---
[1] Por la ubicación actual de los poblados vemos que la dirección debe ser en realidad más hacia el norte (noroeste).

Cruz Tayata (tres leguas); al sur quedan San Cristobal y Santa Cruz Nundaco (ambos a tres leguas) y en dirección poniente[2] se localizan Santa María Cuquila, Santo Tomás Ocotepec (ambos a tres leguas), Santa María Yucuitii, Nuyoo y San Pedro Yodzotatuu (los tres a siete leguas) (Esparza 1994:384-388).

Con base en la evidencia histórica vemos que el Valle de Tlaxiaco era un lugar que conectaba diversas rutas, las cuales se dirigían a múltiples pueblos y regiones. La mayoría de sus entradas-salidas están indicadas por las formas del relieve y también por los ríos principales. Incluso hoy en día estas salidas son las que usan los autos y autobuses (figura 43). Cabe señalar que interesantemente estas entradas-salidas se relacionan con los sitios arqueológicos fechados para la fase Ramos.

De manera general, observamos que todas dirigen como primer punto hacia la zona de montaña y de ahí dan paso a diferentes rutas. Así, hacia el norte la salida está señalada por el río San Diego, que cruzando la zona de montaña da paso a dos diferentes rutas: una conduce a los poblados de Huamelulpam, Teposcolula y Yanhuitlan y la otra, cargada al noroeste, lleva a Nundichi y Numí. Es importante mencionar que el sitio 1 se ubica hacia este lado.

Al sureste se distingue otro paso marcado por la cañada del río Tablas y el Cerro de la Virgen que dirige a los poblados de Palo de Letra, Sindihui y Chalcatongo. Cabe destacar que el sitio 3 forma parte de esta salida. En dirección al sur está el río Tlaxiaco que da pauta a los caminos que conducen hacia los poblados de Nundaco, Ocotepec, Yucuiti, Nuyoo, Putla y la Costa. Hacia este lado se encuentran los sitios 4 y 5, cada uno ubicado sobre uno de los dos cerros que forman esta entrada-salida. Finalmente, hacia el oeste, cruzando una serie de lomas se llega a la zona de vertientes del río Numí, en donde se encuentra la entrada-salida hacia Mixtepec y a la región de la Mixteca Baja. Es de notar que en este costado del valle se localiza el sitio 6.

Con lo anterior se puede interpretar que la ubicación de los sitios en las entradas-salidas del valle no fue al azar sino que se tuvo en cuenta el tránsito hacia otros pueblos y ciudades. Podemos señalar que las entradas-salidas naturales del valle fueron uno de los factores que determinó el patrón de asentamiento en Tlaxiaco.

Asimismo, pensamos que los siete sitios entablaban diferentes relaciones con los pueblos que mencionamos a partir de las entradas-salidas. Es decir, el sitio 1 entraría en relación con las regiones de Huamelulpan, Teposcolula y Nochixtlan; los sitios 4 y 5 estarían relacionados con la Costa y Putla y lo mismo sería para el resto de los sitios. Muy probablemente el flujo entre las diferentes áreas sería tanto de productos como de experiencias. De esta forma, cada sitio en el valle de Tlaxiaco podría tener productos de diferentes regiones y, al mismo tiempo, intercambiarlos con los demás. Este aspecto le daría una particularidad a cada sitio.

Una vez teniendo en cuenta las salidas-entradas, ahora analizaremos la red de permeabilidad o el tránsito. Al interior del valle, las diferentes figuras fisiográficas y los asentamientos existentes durante la fase Ramos debieron direccionar la circulación. Se observa claramente que los sitios del 1 al 5 tienen acceso a las tierras del valle y a los distintos ríos que lo cruzan, por donde es viable transitar, al igual que por las suaves pendientes de las lomas. El sitio 6, aunque un poco más alejado del valle, tiene acceso a éste por las laderas y lomas. Finalmente, desde los sitios 7 y 8 se puede acceder al valle caminando sobre las diferentes laderas y cerros, este camino es el más accidentado por la zona de montaña que ocupa (figura 43).

Entre los sitios el movimiento es de cierta forma libre ya que no se ve interrumpido por algún elemento natural o construido, por lo que pueden existir diversas formas de aproximación entre ellos. En el mapa que se muestra se indican las rutas más viables con base en la fisiografía. De tal forma, el tránsito entre los asentamientos está condicionado, principalmente, por la distancia que existe entre ellos, siendo más factible el tránsito entre sitios cercanos y menos con los lejanos. Por tal motivo, es importante conocer la distancia que separa un asentamiento de otro: los sitios más cercanos son el 1-2, 4-5 y 7-8, que presentan una distancia de 0.5 km a 2 km; los sitios más alejados son 1-7, 6-7 y 6-8, con una distancia que varía de 10 km a 13 km y el resto, que son la mayoría, se encuentran a una distancia de 7 km a 9 km entre ellos (tabla 3).

Al respecto es importante considerar, además de la distancia, el tiempo que dura el trayecto de una caminata entre los diferentes sitios[3]. Si se considera que el tiempo es constante para una determinada distancia y que éste varía dependiendo de las diferentes condiciones topográficas del trayecto y el gasto de energía, el tiempo de viaje debe ser un mejor indicador que la distancia lineal (Johnson 1977:485). Así, para los sitios cercanos la duración estimada es de 5 min a 17 min, para los lejanos va de 1 h 25 min a 1 h 50 min y para los que se encuentran a una distancia media es de 1 h a 1 h 17 min.

Referente a la distancia, un aspecto primordial que se toma en cuenta en un estudio de sistema[4] es la interacción que existe entre las diferentes partes que lo integran, considerando que a mayor distancia entre éstas la energía requerida para su interacción incrementa, siendo menos factible (Kowalewski, Blanton, et al. 1983:35). Para la

---

[2] De igual forma, la localización de los pueblos es más hacia el suroeste.

[3] La estimación del tiempo se calculó tomando como referencia la distancia que recorren y el tiempo en que lo realizan las personas en la región (sin carga y por terrenos planos o lomas bajas), siendo de 7 km a 8 km por hora, tomándose la primera distancia.

[4] Se considera como sistema a un conjunto de componentes interactuando. Los sistemas deben ser concretos cuyas partes son físicamente reales, distinguibles y localizadas en un espacio y tiempo determinados (Kowalewski, Blanton, et al. 1983:34).

Condiciones de tránsito

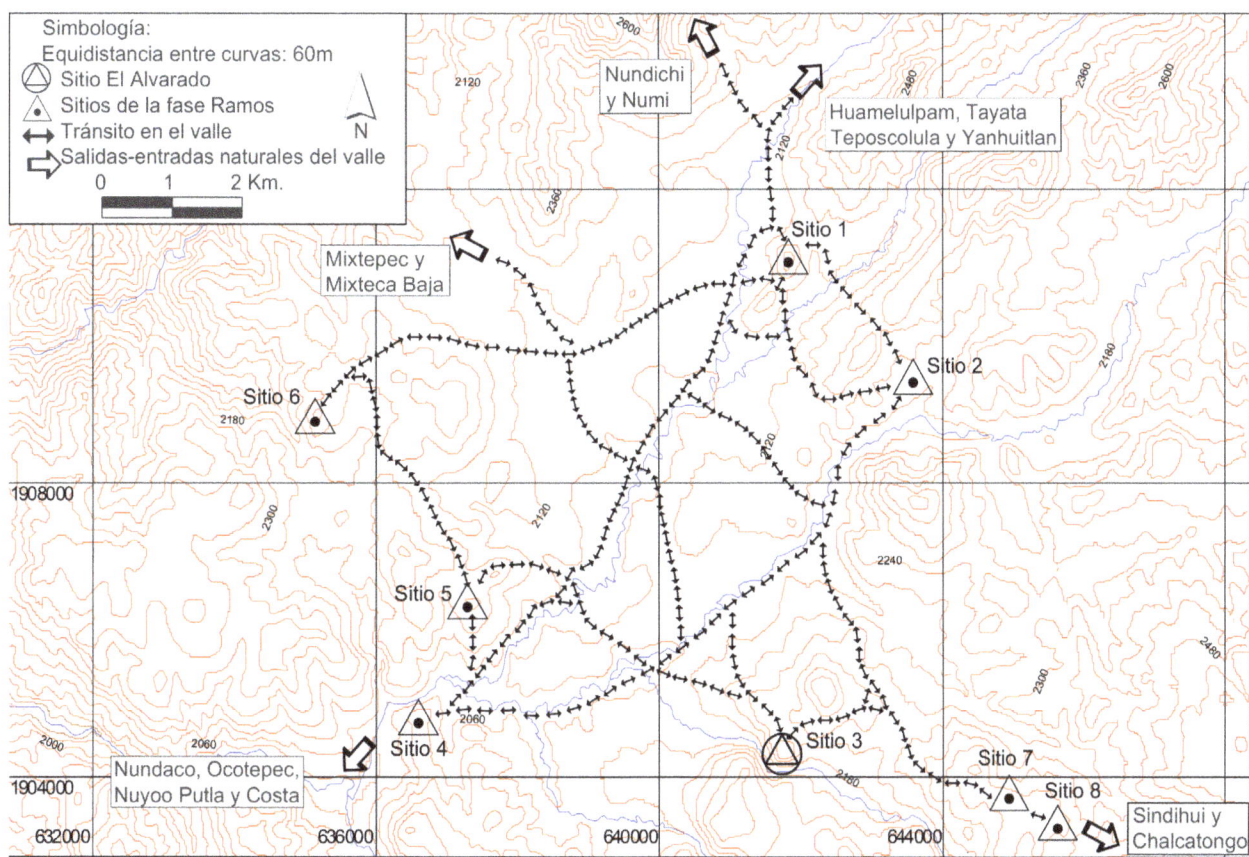

Figura 43. Mapa en el que se indica el tránsito por el valle de Tlaxiaco y entre los diferentes sitios de la fase Ramos.

Tabla 3. Trayecto que comunica a los asentamientos del Valle de Tlaxiaco

Sitios	2	3	4	5	6	7	8
1	2.3	7.31	8.73	7.46	8.94	10.18	9.64
2		6.23	9.05	7.04	9.45	9.14	8.64
3			5.3	5.2	8.57	4.48	3.98
4				1.97	5.36	9.78	9.28
5					4.36	9.68	9.18
6						13.05	12.55
7-8							0.5

Distancia entre sitios (km).

región de la Mixteca, la distancia que se maneja entre asentamientos mayores y sus sujetos es en general de medio día de caminata o 15 km; esta característica jugó un papel en la formación de organizaciones políticas locales (Winter 2004:37).

Con base en estas ideas, conjuntando la distancia y el tiempo que existen entre los ocho asentamientos del valle de Tlaxiaco así como el entorno natural en el que están inmersos, observamos, primero, que el movimiento entre estos fue libre y, segundo, que la distancia y el tiempo de viaje entre ellos son considerablemente menores a lo establecido para los centros rectores y sus sujetos.

Característica que nos lleva a proponer que los ocho asentamientos conformaron una unidad o un sistema, el cual estaba integrado debido a la fuerte interacción entre ellos. Esto último indicado por el tránsito, entendido en su sentido más amplio (caminos -entorno natural y las experiencias e historias en torno a estos).

10

Condiciones de visualización

10.1. Percepción visual al interior de El Alvarado

Al igual que el tránsito, la percepción visual al interior de El Alvarado y entre los sitios del valle está condicionada principalmente por su lugar de emplazamiento y la organización espacial de los elementos arquitectónicos que los integran. Asimismo, es otra evidencia que se desprende directamente de la experiencia vivencial en los diferentes espacios que se reconocen. Cabe señalar que tanto el tránsito como la visualización, aunque se analizan por separado, se influyen mutuamente.

La percepción visual ha sido escasamente tratada en sitios arqueológicos, por tal motivo su aplicación en este caso de estudio resulta relevante. Es un primer ejercicio para mostrar la información que se puede obtener de este tipo de análisis. De tal forma, iniciaremos este capítulo hablando de la percepción visual que se tiene en El Alvarado y, posteriormente, trataremos sobre la visual que se tiene desde este asentamiento hacia los otros en el valle.

En la percepción visual al interior de El Alvarado también influyen las características formales de sus estructuras, considerando que en la construcción de éstas se contempló, además, el aspecto visual. Con este análisis[1] se busca identificar el orden perceptivo que se implementó en la construcción, reconociendo los elementos sobresalientes y los diferentes espacios públicos y privados dentro del sitio. Esto para conocer, desde otro punto de vista, su estructura interna.

La percepción al interior del sitio considera el espacio en movimiento (visibilidad) y de forma estática (visibilización). El primero está estrechamente relacionado con el tránsito ya que hace referencia a lo que percibe el individuo durante sus recorridos y el segundo, deja ver las características propias de las estructuras y su relación con el entorno. Para el caso de estudio, la visibilidad y la visibilización harán referencia a la percepción entre las tres áreas del sitio y al interior de éstas.

En el área de cultivo, aunque un tanto distante de las otras dos, la percepción visual hacia el área habitacional es clara desde las terrazas de mayor altura, ya que no existe algún elemento natural o arquitectónico que la impida, a diferencia de lo que sucede en las terrazas inferiores en donde la vista se dificulta debido a su ubicación. El grado de visibilidad hacia el área central disminuye, ya que ésta se localiza a una mayor altura y únicamente se distingue la parte superior de los montículos principales. Las terrazas de cultivo se integran al paisaje siguiendo la forma del relieve y sobresalen principalmente por las dimensiones de sus muros de contención.

Hacia el noroeste de esta área, de acuerdo a la figura fisiográfica del cerro, se perciben como una unidad las áreas habitacional y central. Como se describió, la primera se conforma de terrazas que se visualizan de forma continua y escalonada en sus laderas norte y este, aspecto que determina la visual hacia las terrazas de cultivo, siendo parcial desde el norte y total desde el este.

Asimismo, la visibilidad hacia el área central es distinta desde estas dos direcciones, partiendo del norte y siguiendo el tránsito por el acceso principal del sitio la percepción del área central es parcial debido a la pendiente suave del terreno, siendo visible la cara posterior del montículo ubicado al norte. La aproximación desde el lado este, por el acceso secundario, genera una apreciación nula del área central debido a la inclinación pronunciada de la pendiente y la forma escalonada de las terrazas (figura 44). Debido a estas características, la perspectiva entre las diferentes terrazas es hasta cierto punto restringida, ya que se direcciona a lo largo de cada una, como lo indica el tránsito, y se dificulta de una terraza a otra.

Habiendo cruzado el área habitacional se llega a la plataforma de desplante de las estructuras principales. De acuerdo a la dirección que marca el movimiento durante el trayecto se tiene una panorámica un tanto restringida hacia el área habitacional y abierta hacia las terrazas de cultivo.

Una vez que se ingresa a la plaza central, a través del desnivel localizado al este, el movimiento es libre aunque la vista es atraída por el montículo principal ubicado hacia el sur. Debido a sus dimensiones éste sobrepasa la línea visual vertical del individuo y origina que se tenga una percepción monumental (figuras 25 y 26), pensemos también que las actividades realizadas en la parte superior de esta estructura podrían ser vistas por la gente reunida en la plaza. Desde esta plaza se tiene una perspectiva muy bien delimitada y cerrada por las diferentes estructuras que lo componen, creando la sensación de estar en un espacio cerrado aun estando en el exterior (figura 45).

Continuando con el recorrido, hacia el norte se llega a otra plaza en donde la mirada se direcciona nuevamente hacia otro montículo, que aunque de menores dimensiones

---

[1] Para describir las características visuales al interior del sitio se retomarán los conceptos de visibilidad y visibilización definidos por la Arqueología de la Arquitectura (Mañana, Blanco, et al. 2002).

Figura 44. Vista desde las terrazas habitacionales del este hacia el área central.

Figura 45. Al frente la Plaza Cerrada y al fondo la percepción zonal de los sitios 7 y 8.

Figura 46. Panorámica que se tiene desde el montículo principal hacia la unidad residencial.

que el anterior ocupa una posición importante, ya que representa el límite norte del conjunto principal. En este lugar se genera una apreciación diferente a la de la plaza central debido a que es un espacio abierto y la visibilidad no es cerrada. En ambas plazas existió la voluntad de exhibición de las prácticas sociales y de los monumentos.

Como parte del área central, adosada al sur del montículo principal se encuentra la unidad residencial del grupo gobernante, que además de tener un acceso restringido no está expuesta a la vista. Este espacio fue ocultado tras el montículo principal, no siendo visible desde las plazas principales ni desde las áreas habitacional y de cultivo. Esta característica nos habla de la importancia y el carácter privado de la unidad residencial, en donde no existió la intención de mostrar las actividades que ahí se realizaban (figura 46).

Hacia el oeste del área central se encuentra otra plaza importante (Terraza 1) que puede considerarse, hasta cierto punto, como un espacio visualmente aislado. Esto se debe a su ubicación, que es sobre la única terraza que existe en este lado del cerro, siendo imposible ver hacia las otras áreas del sitio y, de igual forma, es imperceptible desde ellas.

Desde la plaza parte el camino que conduce a la Cueva El Chivato en donde se localizan las pinturas rupestres, un lugar que por encontrarse en una pendiente tan abrupta es visiblemente oculto para prácticamente todas las áreas. Por sus representaciones gráficas, área de estancia al exterior de la cueva (de 10 m cuadrados) y acceso y visualización restringidos, puede concluirse que éste es otro espacio privado y de gran importancia dentro del sitio, aunque con una connotación diferente a la de la unidad residencial. A esta cueva posiblemente acudía un número reducido de personas, representativas para la población, para realizar algún tipo de ceremonia o reunión que no podía ser presenciada por todos.

De acuerdo a las características visuales que se identificaron al interior del sitio es claro que existe una relación directa entre el área habitacional y la de cultivo, mientras que el área central, aunque es un espacio público, se mantiene un tanto hermética visualmente respecto a las otras dos; estas relaciones entre las tres áreas también son marcadas por el tránsito. Con base en las correspondencias espaciales y arquitectónicas que comparte El Alvarado con los demás sitios, las condiciones de visualización se pueden traslapar sin presentar modificaciones drásticas.

En el área central se reconoció, además, la existencia de algunas estructuras sobresalientes (montículos y plazas), así como estrategias de visualización (de ocultación y exhibición) y diferentes percepciones (abierta y cerrada). Asimismo, el carácter de ocultación y exhibición está indicando la presencia de espacios públicos (plazas) y espacios privados (unidad residencial y cueva), mientras que la percepción abierta o cerrada se genera en ambos espacios.

Figura 47. Visualización desde el montículo principal hacia el norte.

10.2. Percepción visual en el valle de Tlaxiaco a partir de El Alvarado

Habiendo descrito las relaciones visuales entre las tres áreas y al interior de éstas, en este apartado se analizará la visibilidad y visibilización[2] que se tienen del sitio. Para la primera se considerará la vista que se tiene desde él hacia el paisaje natural y cultural en el que está inmerso y para la segunda, se hará referencia a cómo es visto éste desde los diferentes sitios arqueológicos del valle y cuál es la relación visual entre ellos.

Dentro del análisis de visibilidad se distingue que la principal línea visual en el sitio está trazada por su propio eje de orientación de 0°. Partiendo del montículo mayor es posible observar hacia el norte el otro montículo principal y pasando éste, la línea se continúa hasta perderse en el horizonte, sobre la zona de montaña en la que sobresale Cerro Tambor. Hacia este mismo lado, en un primer plano, salta a la vista como un elemento monumental el Cerro de la Virgen y en segundo plano, es posible distinguir de manera puntual[3], debido a que se atraviesa la zona de valles con lomas, el Cerro Encantado sobre el que se localiza el sitio 1; no es posible ver el sitio 2 ya que es tapado por el Cerro de la Virgen (figura 47).

Hacia el este la visibilidad es reducida ya que está limitada por la zona de montaña, dejando ver únicamente un área de laderas y cerros que generan una cuenca visual. Asimismo, debido a estas características la percepción de los sitios 7 y 8 es zonal y no puntual, aunque se encuentran a menor distancia (3.98 y 4.48 km. respectivamente) que los demás (figura 45). Al sur el entorno natural continúa siendo principalmente montañoso, la visual se ve interrumpida en primer plano por un cerro, que conjuntamente con El Alvarado forman la cañada del Río Tablas, y al fondo sobresale el Cerro Yucunino con su serranía (figura 48).

Finalmente, la apreciación que se tiene desde el sitio hacia el oeste es amplia y profunda, se tiene una vista panorámica del paisaje debido a que El Alvarado presenta una altura mayor respecto a la zona de valles con lomas que caracteriza este lado. Hacia esta dirección también es posible distinguir de forma puntual los sitios 4, 5 y 6 que se localizan sobre los cerros sobresalientes de esta área (figura 49).

Referente al análisis de visibilización, que contempla la percepción que se tiene hacia El Alvarado desde los diferentes asentamientos del valle de Tlaxiaco, es evidente la correlación con la visibilidad (vista que se tiene desde el sitio hacia los otros) antes descrita. En este punto también es importante considerar las relaciones visuales entre el resto de los asentamientos, de tal forma se distingue que entre los sitios 1-4, 1-5, 2-4, 2-5, 4-5, 5-6 y 7-8 la visualización es de forma puntual, entre los 1-2, 1-6, 2-6, 4-6, 5-7, 5-8, 6-7 y 6-8 es zonal y para los sitios 1-7, 1-8, 2-7, 2-8, 4-7 y 4-8 es nula (figuras de la 50 a la 53 y tabla 4).

En resumen, con la realización de este análisis fue posible distinguir otros aspectos que caracterizan al sitio así como la relación que guarda con los otros del valle. Un punto que se observó es referente a su orientación de 0° (indicada por el montículo mayor con un eje norte-sur), que al parecer tomó como referencia hacia el norte la visual en la que sobresalen, en segundo plano, el Cerro Tambor y, al fondo, la serranía donde se localiza el Cerro Tindosocua, generando una profundidad visual. En primer plano se localiza el Cerro de la Virgen, componente natural más sobresaliente de todas las visuales del sitio, que por su cercanía, forma fisiográfica peculiar (de cono) y dimensiones, puede ser considerado un elemento monumental en el que probablemente existió la intención

---
[2] Para este análisis al exterior del sitio los conceptos de visibilidad y visibilización se retomarán de la ArPa.
[3] Recordemos que de acuerdo a la ArPa la percepción puntual es cuando un yacimiento se identifica desde lejos y la zonal, cuando únicamente se percibe la zona o unidad fisiográfica en la que éste se encuentra.

Condiciones de visualización

Figura 48. Vista que se tiene desde el sitio hacia el sur, al fondo el Cerro Yucunino.

Figura 49. Vista panorámica que se aprecia desde la Terraza 1 del sitio hacia el oeste.

de destacarlo socialmente y que su concepción perdurara en el tiempo.

Al respecto, cabe mencionar que la cima y laderas de este cerro fueron densamente ocupadas durante el Clásico (350-950 d.C.) y Posclásico (950-1520 d.C.) (Kowalewski, Balkansky, et al. 2009:259; Spores 2007:30). Debido a la cercanía y al cambio en el patrón de asentamiento observado en la región para el Clásico[4], es muy probable que la población de El Alvarado se haya movido y habitado El Cerro de la Virgen para este periodo, hecho que manifiesta la relevancia de este elemento natural.

Continuando con la orientación del eje, hacia el sur se tiene como límite de la profundidad visual la serranía de Yucunino. Así, es interesante notar que de acuerdo al eje de orientación del sitio los límites visuales están marcados por dos serranías sobresalientes (Tindosocua y Yucunino) que alcanzan una altura de más de 3000 msnm, asimismo, que esta unidad fisiográfica está ausente para los costados este y oeste. Por tal motivo, estas serranías probablemente fueron referentes visuales importantes para su orientación y se tomaron en cuenta en la planeación del sitio con la finalidad de que formaran parte de su paisaje.

La orientación hacia cerros prominentes del paisaje es una característica que presentan varios sitios en la Mixteca de diferentes temporalidades. Para el área de Chalcatongo, por ejemplo, el asentamiento nombrado Cerro de Pedimento tuvo una ocupación continua desde el Preclásico Tardío (300 a.C.-300 d.C.) hasta el Posclásico (900-1521 d.C.) y su orientación hacia el sur corresponde con el Cerro Yuku

---

[4] Una de las características que distingue a este periodo es la localización de los principales asentamientos sobre cimas y lugares altos (Byland y Pohl 1994:58; Kowalewski, Balkansky, et al. 2009:309; Spores 1972:185; 1984:30). Esta tendencia permitió que cada sitio fuera visto por cualquier otro; el contacto visual pudo haber sido un factor importante en la selección de sitios que facilitó la comunicación entre ellos o fue importante para el ritualismo (Spores 1972:185 y 186).

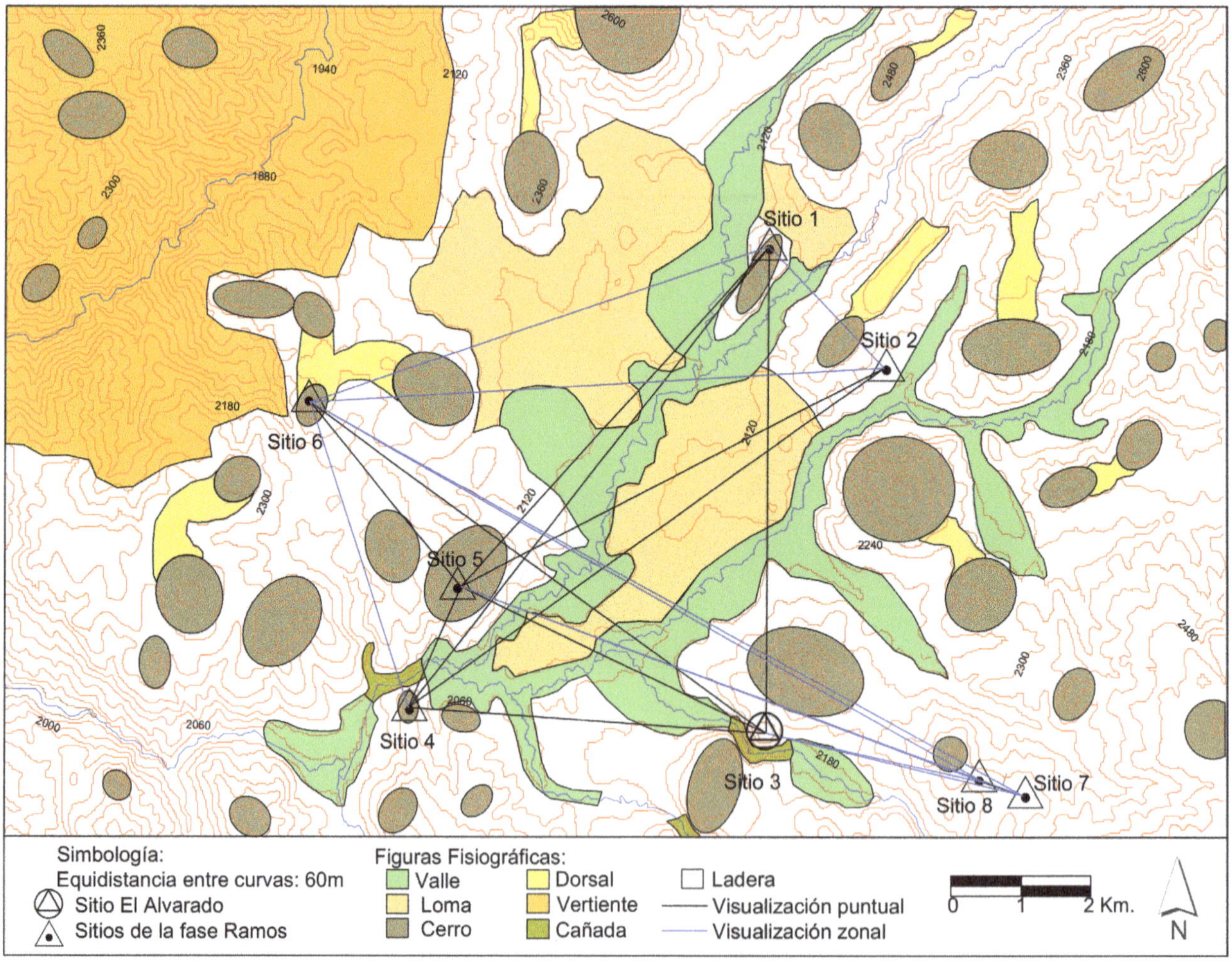

Figura 50. Mapa que indica las relaciones visuales entre los diferentes asentamientos a través de la fisiografía.

Figura 51. Visibilización desde el sitio 6 hacia El Alvarado.

Figura 52. Visibilización desde una terraza cercana a los sitios 7 y 8.

Figura 53. Visibilización desde el sitio 1 hacia los diferentes asentamientos.

kasa. Este cerro es uno de los más sobresalientes en una panorámica amplia de esta área y tiene un profundo valor sagrado para varios Pueblos Indígenas, su importancia radica en que es entendido como el lugar al que se dirigen y en donde moran las personas que han fallecido, los ancestros. En este caso, pensamos que el valor sagrado de este cerro también debió existir para tiempos prehispánicos, es decir, la relación que hubo y sigue existiendo entre estos dos lugares es visual y espiritual (Jiménez y Posselt 2018: 206-212 y 454-455). De tal forma, consideramos que la orientación de los asentamientos hacia determinados cerros corresponde con la visual que se tiene y con el valor sagrado o significado social que se les confiere.

Enfocándonos en la visualización del sitio, distinguimos que al interior de éste existen diferentes percepciones desde cada área hacia el exterior. Por ejemplo, desde el área central la percepción es muy amplia hacia los cuatro puntos cardinales mientras que desde el área habitacional es un tanto reducida, ya que únicamente se ve hacia el norte y este, en donde se aprecia una cuenca visual. En la Terraza 1 así como en la cueva El Chivato la visibilidad es diferente, ya que por su localización ésta tiene profundidad y es amplia, generando una percepción panorámica importante del paisaje, rasgo que enfatiza la relevancia y uso ceremonial de estos espacios (figura 49).

Con estas observaciones se puede decir que al interior del sitio existen áreas visualmente diferenciadas y algunas con ciertos "privilegios visuales" hacia el paisaje que las rodea. Tal es el caso del área central, que además de contener las residencias del grupo gobernante tenía espacios públicos (plazas principales) que fueron utilizados por el resto la población, permitiendo que la visual fuera compartida por toda la sociedad.

Referente a la relación de vista entre los diferentes asentamientos que componen el valle, se distingue que entre los sitios del 1 al 6 ésta es en su mayoría puntual y en algunos casos zonal, mientras que para los sitios 7 y 8 es zonal y nula en relación al resto, esto debido a su localización en zona de montaña[5]. Con base en estas

---

[5] Respecto a estos dos últimos sitios es importante hacer notar que debido a sus condiciones de tránsito y visualización podrían ser parte de un mismo asentamiento.

Tabla 4. Relaciones visuales entre los sitios arqueológicos del valle de Tlaxiaco

Sitios	2	3	4	5	6	7	8
1	Z	P	P	P	Z	Z	Z
2		N	P	P	Z	N	N
3			P	P	P	Z	Z
4				P	Z	N	N
5					P	Z	Z
6						Z	Z
7							P

Visualización entre sitios (Puntual=P; Zonal=Z; Nula=N).

características visuales podemos decir que ningún asentamiento tiene primacía sobre otro ya que todos mantienen un contacto visual significativo entre ellos y hacia otros puntos del valle.

Finalmente, conjuntando el tránsito y las condiciones de visualización a nivel de valle, se distingue la clara interacción y comunicación existentes entre los ocho asentamientos. Estas características importantes dejan ver la presencia de un paisaje, en sus tres dimensiones, compartido por esta unidad.

11

Estimación de población en el valle de Tlaxiaco

11.1. Población y categoría de los sitios

En el presente capítulo se dará a conocer la población que se ha estimado para algunos asentamientos del valle, asimismo, para los sitios 3, 4 y 5 se realizará un cálculo. La finalidad de mostrar estos datos es conocer el número de personas que hicieron posible la planeación y funcionamiento de los sitios en relación a su entorno, quienes transitaron sus espacios y compartieron las diferentes percepciones que de ellos se generaron. De igual forma, esto nos permitirá contar con un parámetro de comparación entre los asentamientos que integran la unidad de Tlaxiaco.

Este ejercicio proporcionará únicamente una estimación, ya que por la misma naturaleza del contexto arqueológico, que se presenta de forma fragmentada y en el que intervienen diferentes agentes naturales y culturales, el total de población nunca se podrá establecer con exactitud (Manzanilla 1983). En la Mixteca Alta se han aplicado diversos métodos para el cálculo poblacional que se desarrollan en función de indicadores arqueológicos específicos, como material cerámico, arquitectura de carácter habitacional y extensión del sitio (Balkansky, Pérez, et al. 2004:87-95; Byland 1980:87-95; Byland y Pohl 1994; Heredia 2007:20; Kisjes 2001:184; Kowalewski, Balkansky, et al. 2009:24-25; Plunket y Uruñuela 1985:43-44). La mayoría de estos estudios parten de la metodología desarrollada para el centro de México (Sanders, Parsons, et al. 1979), con algunas variaciones por tratarse de una zona de investigación diferente.

Para el caso de estudio retomaremos el método propuesto para la Mixteca Alta Central (Kowalewski, Balkansky, et al. 2009:24-25) porque consideramos que es el que más se apega a la realidad de los sitios bajo estudio. Para la estimación de población contempla dos variables: área del asentamiento y densidad habitacional, para esta última da cuatro categorías:

1. Villas compactas de baja densidad (de 10 a 25 personas por hectárea).
2. Asentamientos dispersos de más baja densidad (de 5 a 10 personas por hectárea).
3. Residencias aisladas (de 5 a 10 personas).
4. Asentamientos con terrazas residenciales (de 50 a 100 personas por hectárea).

Las tres primeras categorías son retomadas del estudio de Sanders y la última es una propuesta que se desarrolló dentro del recorrido de superficie de los Valles Centrales de Oaxaca. En éste se observó que los sitios terraceados ofrecían una oportunidad para hacer estimaciones de población más precisas, considerando que cada terraza puede ser un tipo de "houselot" (terreno para casa) que soporta una o más residencias (Blanton, Kowalewski, et al. 1982:11). Esta categoría ha sido aplicada en sitios del valle de Oaxaca, de Teposcolula, a El Palmillo, la Fortaleza de Mitla y Guirún (Kowalewski, Balkansky, et al. 2009:24).

Este método toma en cuenta, además, que para los sitios que presentan áreas con diferentes densidades éstas deben ser consideradas por separado. Señala que se les debe de aplicar la categoría de densidad correspondiente, considerando el rango de población mínimo y máximo, posteriormente se deben de sumar y, con el resultado, calcular la media entre los rangos para obtener finalmente la estimación de población. Estos procedimientos han servido de base para la estimación de población que se ha hecho en estudios anteriores para los siguientes asentamientos (tabla 5).

Para la estimación que realizamos en los sitios 3, 4 y 5 se consideraron únicamente su área central y la habitacional, dejando de fuera el área de cultivo. Asimismo, de acuerdo al análisis de la distribución arquitectónica, con el que se observó que los asentamientos 3 y 5 son concentrados y el 4 un tanto disperso, optamos por utilizar, para los dos primeros, la categoría de densidad para asentamientos con terrazas residenciales y para el último, villas compactas de baja densidad (tabla 6).

Con base en la población que se maneja para los diferentes sitios en el valle y de acuerdo a la metodología aplicada, los sitios 2, 4 y 8 corresponden con el tipo de asentamiento de aldea (de 10 a 100 habitantes), los sitios 3, 5 y 6 son equiparables con el de villa pequeña (de 100 a 500 habitantes), el sitio 1 es considerado villa grande (de 500 a 1,000 personas) y el sitio 7 pueblo (de más de 1000 personas). Cabe destacar que los tres primeros términos describen el tamaño del asentamiento, sin implicaciones culturales o técnicas específicas, mientras que el último

Tabla 5. Población estimada en trabajos previos, sitio 1 (Heredia 2007) y el resto (Kowalewski, Balkansky, et al. 2009)

Número de sitio	Extensión (hectáreas)	Población
1	16	805
2	2	35
6	3.8	281
7	15	1192
8	.1	8

Tabla 6. Cálculo poblacional

Número de sitio	Extensión (hectáreas)	Densidad poblacional	Sumatoria de rangos	Media	Estimación poblacional
3	6.33	50 (min.) -100 (máx.)	= 949.5	/2	=475
4	3	10 (min.) - 25 (máx.)	= 105	/2	=52.5
5	6.1	50 (min.) -100 (máx.)	= 915	/2	=457

usualmente muestra alguna diversidad en las funciones del lugar central (Kowalewski, Balkansky, et al. 2009:26).

En este punto cabe hacer algunas observaciones sobre los sitios 7 y 8, ya que como se ve en la tabla son los dos asentamientos que se disparan en cuanto a número de habitantes, uno con 1192 y otro con 8. Aunado a esto, con base en sus condiciones de tránsito y visualización que indican una clara cercanía y relación directa, así como en la arquitectura del sitio 7[1], pensamos pertinente considerarlos como un sólo asentamiento distribuido en dos lomas. Asimismo, cabe señalar que el tamaño y características arquitectónicas de su área central no muestran alguna evidencia de funciones políticas diversificadas ni diferencias respecto al resto de los sitios en el valle, por lo que se puede establecer dentro del tipo villa grande. Es por eso que a partir de este momento nos referiremos a la existencia de siete asentamientos en el valle de Tlaxiaco.

En conclusión, considerando la estimación para cada asentamiento, se tiene un total de 3305 habitantes que ocuparon el valle de Tlaxiaco durante la fase Ramos.

---

[1] Como se mencionó, la arquitectura de este sitio es claramente de la fase Ramos, no siendo así para el 8, que aunque es fechado para esta fase no se tiene la certeza sobre qué elementos arquitectónicos lo son.

12

Reconstrucción del paisaje en el valle de Tlaxiaco

12.1. La organización social del *Ñuu* El Alvarado

Con los análisis realizados hasta el momento nos hemos centrado en el estudio de El Alvarado para entender el funcionamiento de los siete asentamientos inmersos en un área mayor que es el valle de Tlaxiaco, considerándolos como un sólo paisaje que fue percibido en la fase Ramos. Este paisaje ha sido abordado como espacio natural, entorno social o medio construido y entorno pensado o medio simbólico, con la finalidad de aproximarse a distintos procesos en los que participó la sociedad de este valle.

Para la deconstrucción del paisaje de estudio se consideraron como manifestaciones de éste: el lugar de emplazamiento, la arquitectura, elementos de tránsito y visualización así como la demografía de los asentamientos en el valle, enfatizándose para El Alvarado, en donde se contempló, además, la Pintura El Chivato. Estas manifestaciones expresaron diferentes relaciones entre ellas que nos permitieron identificar la regularidad espacial para la reconstrucción del paisaje y con ello llegar a su sentido, que para la presente investigación se traduce en la organización social.

Referente a esta temática en Mesoamerica, Gutiérrez señala que generalmente se ha abordado desde diferentes enfoques que se basan en modelos que parten de la experiencia del Viejo Mundo, especialmente de Europa. El encuentro entre esta última y otras culturas originarias provocó la necesidad de adaptar términos políticos territoriales europeos a la realidad de estos pueblos. Aunque a veces aproximadas, muchas de estas adaptaciones encubren o malinterpretan los sistemas originarios, por lo tanto un gran reto es identificar y acceder a estas categorías (2003:92).

Considerando esta problemática, al describir la forma de organización social al interior del asentamiento así como a nivel de valle, además de apoyarnos en algunos enfoques desarrollados sobre este tema, se empleará la terminología existente en lengua mixteca del siglo XVI. Ésta nos permitirá, junto con las manifestaciones del paisaje, acercarnos a esta organización de manera coherente y desde una configuración mixteca.

La regularidad espacial que distinguimos, con base en el estudio de las diferentes manifestaciones del paisaje que conforman El Alvarado, refleja características relevantes de la organización político social del pueblo que lo habitó en la fase Ramos. De forma general, observamos que el asentamiento presenta una organización espacial centralizada, es compacto, denso, con una distribución concéntrica, una jerarquía arquitectónica bien diferenciada y con delimitación de espacios públicos y privados. En relación a estas características, a nivel social se distingue principalmente una estratificación en dos grupos (nobles y comuneros) que mantuvieron una fuerte integración.

El primer grupo social que identificamos en el *ñuu*[1] (pueblo) El Alvarado es el dirigente o el de los nobles que seguramente, como se observa en los códices y lo dejan ver los documentos del siglo XVI, estuvo integrado por una pareja gobernante, un *iya toniñe* (señor gobernante) y una *iya dzehe toniñe* (señora gobernante) y probablemente por un número reducido de familiares cercanos o *toho* (nobles). La evidencia sobre la existencia de este grupo está representada principalmente por el aniñe (unidad residencial noble) adyacente al *huahui ñuhu* (templo o montículo principal), cuyas características arquitectónicas, monumentalidad y ubicación dentro del sitio, marcan una clara diferencia con las habitaciones localizadas en las terrazas.

Para los Valles Centrales de Oaxaca, durante el Preclásico Medio y Tardío, las residencias sencillas cercanas a edificios públicos sugieren que fueron construidas por una familia, a diferencia de los segundos que requirieron de un gran trabajo. Estas observaciones indican que las familias de alto estatus tuvieron suficiente poder para dirigir la construcción de un gran edificio pero no lo tuvieron para la construcción de una residencia elaborada para ellos. Este liderazgo pudo corresponder con una sociedad de rango pero no estratificada (Flannery y Marcus 1983:60). Por el contrario, en El Alvarado es evidente que la construcción del *aniñe* (unidad residencial noble) así como del *huahui ñuhu* (templo o montículo principal) requirió de un gran trabajo colectivo en donde el *iya* (señor principal) tuvo la autoridad para dirigir ambas construcciones, reforzando la idea de la existencia del grupo dirigente y de una estratificación social.

La asociación del *huahui ñuhu* (templo) y el *aniñe* (unidad residencial noble) es una característica distintiva del sitio que fue señalada durante el desarrollo de la investigación. Estos se describieron como dos espacios importantes dentro del área central, el primero de carácter público, con un acceso restringido y expresando una voluntad de exhibición y el segundo, de carácter privado con un acceso restringido y bajo una estrategia de ocultación; ambos

---

[1] Los términos en mixteco son retomados de la obra de Terraciano (2001), corresponden con los utilizados en la región de la Mixteca Alta durante la época de contacto en el siglo XVI.

directamente relacionados con los gobernantes. Esta unión templo-palacio ha sido manejada como una característica de las ciudades tempranas que se distinguen por ser receptáculos del poder político y religioso instalado en esta conjunción. Representa el núcleo de un gobierno dual en el que existe un alto grado de interrelación e interdependencia mutua entre el ámbito cívico y la esfera religiosa (Wiesheu 2002:140-147).

De tal forma, consideramos que en este *ñuu* (pueblo) la agrupación arquitectónica *huahui ñuhu-aniñe* (templo-palacio) es la objetivación de la forma de gobierno concebida por sus habitantes, en donde religión y gobierno fueron uno mismo. Desde esta perspectiva, el *iya toniñe* y la *iya dzehe toniñe* (pareja gobernante) serían los facultados para presidir las ceremonias religiosas de carácter público llevadas a cabo en las plazas principales así como las de carácter privado realizadas en la cueva, teniendo el papel de intermediarios entre los *ñuhu* (seres divinos) y los *ña ndahi* (comuneros). Asimismo, se encargarían de encabezar y dirigir todas las actividades público-administrativas en beneficio del pueblo.

En este punto cabe hacer un paréntesis y salir del sitio, ya que este elemento (*huahui ñuhu- aniñe*) está presente en otros asentamientos dentro del valle de Tlaxiaco[2] (sitios 1, 4, 5, 6 y 7-8) así como en otros valles en centros mayores, tal es el caso de Yucuita (Spores 2007:19; Winter 1984:56), Huamelulpan (Gaxiola 1984:75) y Monte Negro (Geurds y Jansen 2008:406-410). Este hecho nos podría estar hablando de una característica de la forma de gobierno distintiva de la fase Ramos que está expresada en un elemento arquitectónico. Asimismo, esta asociación enfatiza, por un lado, el perfil social del *Iya* cara a cara con los plebeyos y, por otro lado, la relación íntima entre el *Iya* y *Ñuhu* (divinidad) (Geurds y Jansen 2008:416).

Este elemento arquitectónico es el más importante del área central del sitio, que como se mencionó presenta un arreglo que corresponde con el conjunto denominado templo con plaza cerrada (TPC) reportado en la Mixteca Baja para el periodo Clásico (300-900 d.C.) (Rivera 1999:246). La diferencia es que para el valle de Tlaxiaco el templo se asocia a un palacio.

Como parte de este conjunto, en el *huahui ñuhu* (montículo principal) de El Alvarado sobresale una plataforma baja adosada en su cara frontal[3]. Ésta posiblemente representó el espacio de mayor aproximación desde la plaza hacia el *iya*, quien se encontraba en la parte superior del montículo. Otra posibilidad es que funcionara como escenario para algún tipo de ceremonia, sin embargo, para poder esclarecer la función de esta estructura es necesario realizar trabajos futuros.

El conjunto TPC es un elemento distintivo de la arquitectura observada en los *ñuu* (pueblos) del valle de Tlaxiaco y es importante señalar que también está presente en centros mayores como Huamelulpan, Yucuita (Winter 2007:42), Monte Negro (Kisjes 2001:169) y Cuquila, asimismo, en el área de Chalcatongo se identificaron tres sitios con este arreglo. Con base en esta evidencia podemos decir que el conjunto de templo con plaza cerrada se manifiesta en la Mixteca Alta durante la fase Ramos y podría ser considerado como un marcador arquitectónico de esta fase para esta región. Esto a diferencia de lo que ocurre en la Mixteca Baja, en donde se tiene para el Clásico.

Para el valle de Tlaxiaco los asentamientos con TPC presentan similitudes en cuanto a las formas arquitectónicas, distribución y dimensiones de su plaza central. También se distingue una semejanza en la percepción de algunos elementos naturales sobresalientes del paisaje que se ve plasmada en las diferentes orientaciones de los TPC. Éstas corresponden con la visibilidad que se tiene desde cada sitio hacia los dos principales *yuku* (cerro o serranía) que son *Tindosocua* y *Yucunino*. Las regularidades arquitectónicas y visuales identificadas en los sitios nos hablan de una ideología[4] compartida por los habitantes de este valle.

Como parte de esta ideología, el *yuku* (cerro) fue un elemento natural común y sobresaliente del paisaje que fue aprehendido por los mixtecos del valle de Tlaxiaco en la cotidianeidad de su vida, trascendió el espacio natural para formar parte del espacio simbólico y fue considerado un *ñuhu* (ser divino). Esta percepción se ve expresada, además, en el propio lugar de emplazamiento de los sitios que corresponde con esta figura fisiográfica[5].

Este entendimiento del *yuku* (cerro) como espacio sagrado se observa también en la estela de la fase Ramos proveniente de Yucuita, en donde se identifica a *Dzahui* (dios mixteco de la lluvia) al interior de un cerro (Rivera 2008:114 y 115). La representación de éste tiene similitud con los glifos del cerro de Monte Albán I, sin embargo, presenta una mayor familiaridad con el que se reproduce en los códices mixtecos del Posclásico (Cruz 2007:457).

Asimismo, para el área de Chalcatongo existen cerros prominentes conocidos como Cerros de Agua[6] que en sus laderas y cimas presentan evidencia arqueológica y en la actualidad tienen una connotación religiosa para

---

[2] En algunos asentamientos el *aniñe* está indicado por una plataforma a manera de terraza.
[3] Esta forma arquitectónica del montículo mayor en asociación a una plataforma en su cara frontal es similar al Templo T de la Mixteca Baja en el Clásico Tardío (Rivera 1999:241). También se asemeja a la descrita para algunos sitios de la Mixteca Alta Central de la fase Ramos (Kowalewski, Balkansky, et al. 2009:302).
[4] Este término hace referencia al sistema de representación simbólica que es la cosmovisión, desde el punto de vista de su nexo con las estructuras sociales y económicas, con la importante función social de legitimar y justificar el orden establecido (Broda 1991:462).
[5] Consideramos que la elección del cerro como lugar de ubicación también se debe a las condiciones de visualización privilegiadas que éste ofrece hacia otros asentamientos y elementos sagrados del paisaje.
[6] Son santuarios que nos hablan del Agua como ser sagrado, se asocian con las aguas terrestres y subterráneas.

los habitantes. Uno de los más representativos es Cerro que se Fue, ya que en sus laderas y en las serranías que se desprenden de éste hay material cerámico que indica una ocupación continua desde la fase Cruz Tardío hasta Natividad (700 a.C.-1521 d.C.). Con la evidencia encontrada en estos lugares fue posible hablar de santuarios y de rutas de peregrinación hacia ellos (Jiménez y Posselt 2018: 470-472).

Además de la configuración y orientación del área central del *ñuu* (pueblo) en relación a los *yuku* (cerros) de connotación sagrada, existen otros lugares que dejan ver la sacralidad en El Alvarado, como la cueva El Chivato en donde se localizan las manifestaciones gráficas. Esta cueva se entiende como un espacio privado e importante al que probablemente acudían los *toho* (nobles) encabezados por los *iya* (señores gobernantes) para llevar a cabo alguna ceremonia o reunión con la que legitimaban su estatus ante los *ña ndahi* (comuneros), quienes únicamente tenían acceso a las ceremonias públicas realizadas en las plazas principales. Aunado al espacio social que representa la cueva, la importancia del *iya* (señor gobernante) estuvo expresada en la figura principal de la pintura.

La sacralidad también se observó al interior de la unidad habitacional de la terraza 2, en el entierro de un individuo que se localizó al centro de ésta. Este hecho nos dice, por un lado, que el difunto fue alguien importante que se deseó seguir teniendo cerca, indicando la concepción que existía hacia los ancestros, y por otro lado, que la casa fue el espacio social en el que se llevaron a cabo ceremonias a nivel familiar.

Estos ejemplos nos dejan ver que al interior del *ñuu* (pueblo) existían diferentes tipos de ceremonias que involucraban a toda la sociedad, unas incluían a ambos grupos sociales y otras se realizaban de forma particular para cada grupo. También hay que considerar que las prácticas e ideología de los pobladores trascendieron los límites del asentamiento, como se vio con algunos ejemplos sobre experiencias e historias en relación al tránsito y el entorno natural. Ambas le dieron sentido de identidad y cohesión a la población de El Alvarado y, al mismo tiempo, crearon lazos entre los *ñuu* (pueblos) del valle de Tlaxiaco.

Retomando los principios de ordenación en el sitio con base en su organización espacial centralizada, que está marcada por el TPC a partir del cual se distribuyen de forma concéntrica las terrazas habitacionales, se distingue que estas dos áreas a nivel arquitectónico corresponden con la estratificación social en dos grupos. Asimismo, dejan ver una organización interna centralizada a nivel social, ya que el espacio de mayor jerarquía y en donde se concentraban las actividades cívico-religiosas masivas es el TPC. Esto a diferencia de lo que se observa en los grandes centros como Yucuita, Monte Negro y Huamelulpan, en donde existen varios conjuntos arquitectónicos cívico-ceremoniales de igual jerarquía que se asocian con barrios (Balkansky 1998:51; Geurds y Jansen 2008:414; Spores 2007:22 y 26).

Con base en esta organización centralizada se puede considerar que la permeabilidad[7] en el *ñuu* (pueblo) es relativamente cerrada hacia el exterior. Esto se puede ver en las plazas principales de dimensiones pequeñas y en la forma de aproximarse hacia ellas que es a través de las terrazas habitacionales. A su vez, estas características indican una congregación principalmente de población local, sugiriendo que la afluencia de gente externa ocurría en menor medida.

La organización social al interior del *ñuu* El Alvarado también puede describirse con base en las relaciones de interacción e integración entre sus habitantes. A nivel arqueológico éstas se pueden identificar en la distribución del asentamiento y en la monumentalidad tanto del área central como de las terrazas habitacionales y las de cultivo.

El hecho de que el asentamiento sea pequeño, compacto y denso, indica que la interacción al igual que la integración al interior de éste son altas. La primera se observa en relación a los pocos espacios generales identificados en el sitio (central, habitacional y cultivo), a la corta distancia y al tránsito libre que existen entre las diferentes terrazas habitacionales y entre las tres áreas. Asimismo, se reconoce en las condiciones directas de visualización entre el área habitacional y la de cultivo, además de la visibilidad panorámica que se tiene desde el área central hacia estas últimas.

Con base en estas características una idea a considerar es que la concentración de población en un asentamiento reduce los costos de movimiento de personal, material e información para las actividades que requieren de cooperación (Johnson 1977:489). Además de ser propicio para un trabajo en conjunto, el alto grado de interacción en una comunidad puede generar lazos afectivos y de ayuda que refuercen la cohesión del grupo[8].

La integración, por su parte, puede identificarse a través de la arquitectura monumental del sitio (área central y terrazas habitacionales), ya que partimos de la idea que para la realización de ésta se requirió de la *gueza* o *dzaha* (trabajo de cooperación colectiva) por parte de los *ña ndahi* (comuneros), la cual estuvo dirigida por el *iya* (señor gobernante) para un beneficio en común. Probablemente la *gueza* también fue la forma de trabajo para el aprovechamiento de las áreas de cultivo (terrazas lama-

---

[7] Este término se refiere a la proporción de interacción que comienza dentro de un sistema y termina fuera o viceversa; es la proporción de flujo (energía, materiales, gente, información etc.) a través del límite geográfico de un sistema. Ésta varía de relativamente cerrada a abierta (Kowalewski, Blanton, et al. 1983:35).

[8] Un ejemplo de este tipo de interacción que repercute a nivel emocional es lo que se observa hoy en día en la comunidad de *Nuyoo* en la Mixteca Alta con el concepto *Nakara*. Éste es entendido como la responsabilidad que adquieren los habitantes de proveer a otros lo necesario para su bienestar, esta actitud se presenta en diferentes ámbitos de la vida social (Monaghan 1995:36-39).

bordo y suelo del valle), como lo sugieren su ubicación, tamaño y las condiciones de tránsito. Esto a diferencia de lo que sucede en el Posclásico (900-1521 d.C.), cuando el patrón disperso de unidades habitacionales asociado a terrazas poco elaboradas indican que fueron trabajadas y mantenidas por el grupo familiar al que pertenecían (Pérez 2003).

Así, la integración en el *ñuu* (pueblo) estuvo dada, en parte, en función de la *gueza* (trabajo colectivo) y las prácticas religiosas antes descritas, basadas en una relación de reciprocidad entre los *iya toniñe* e *iya dzehe toniñe* (pareja gobernante) y los *ña ndahi* (comuneros). En este sentido, los documentos del siglo XVI dejan ver la reciprocidad de los nobles hacia la comunidad, en donde los primeros recibían bienes y servicios y en respuesta redistribuían parte de sus recursos. En este sistema, el alto estatus estuvo validado por la habilidad de alimentar a la gente y realizar festines, entre otros actos simbólicos y materiales (Terraciano 2001:147).

A lo largo de este capítulo hemos nombrado al sitio de estudio como *ñuu*; este término en lengua mixteca hace referencia a una entidad constituyente de una organización política mayor denominada *yuhui tayu*. Ñuu conlleva a "lugar" en el sentido más amplio de la palabra, como un asentamiento o una región, sin embargo, dentro de la configuración política mixteca, esta entidad autónoma está compuesta por un determinado número de *siqui* (barrios o asentamientos sujetos) y, a su vez, la unión de dos o más *ñuu* conforman un *yuhui tayu* (Terraciano 2001:102-132).

Estas tres entidades políticas fueron creadas con base en la organización de relaciones sociales, existiendo una correspondencia, en donde los *iya* y *toho* (pareja gobernante y nobles) se asocian con el *yuhui tayu* y *ñuu* respectivamente, mientras los *ña ndahi* (comuneros) se relacionan con los *siqui* (barrios). Al respecto, es importante señalar que tanto los términos como las entidades y las relaciones sociales son ambiguos o cambiantes, en donde cada *siqui* fue potencialmente un *ñuu* y cada *ñuu* potencialmente un *yuhui tayu* (Terraciano 2001:116).

De acuerdo a estas consideraciones y a las características del asentamiento El Alvarado (principios de ordenación, condiciones de tránsito y de visualización), hemos decidido atribuirle la categoría de *ñuu*. Para comprender la dinámica de estas categorías en el área de estudio debemos tener presente que los sitios arqueológicos en el valle de Tlaxiaco son jerárquicamente equiparables y cada uno tiene un gobierno propio, aunque a una escala más amplia pueden verse de menores dimensiones en comparación con los que se consideran como cabeceras para otros valles.

Asimismo, somos conscientes de que estas entidades se emplearon para definir a sociedades tardías y, por lo tanto, la organización social y el patrón de asentamiento descritos para el *ñuu* El Alvarado son particulares. Estas asociaciones son pertinentes porque recordemos que algunos estudios realizados en la Mixteca han señalado que la forma de organización que distinguió a los señoríos del Posclásico (900-1521 d.C.) tuvo su origen en el Preclásico Tardío (300 a.C.-300 d.C.).

De tal forma, El Alvarado se distingue como un asentamiento relativamente pequeño y concentrado que aparentemente no cuenta con *siqui* (barrios). Tuvo una población aproximada de 475 habitantes fuertemente integrados bajo un gobierno de carácter cívico-religioso, representado físicamente por el *huahui ñuhu-aniñe* (templo palacio), además de ser autónomo y autosuficiente (figura 54).

12.2. La organización social descentralizada del *Yuhui Tayu* de Tlaxiaco

Durante el desarrollo de este trabajo se abordó la configuración y organización social al interior de El Alvarado y, al mismo tiempo, se hizo hincapié en su relación con otros asentamientos contemporáneos dentro del valle de Tlaxiaco. En su conjunto, los asentamientos se propusieron como una unidad, idea que se reafirmó con la regularidad espacial reconocida en las diferentes manifestaciones del paisaje, como: el lugar de emplazamiento, la arquitectura y elementos de tránsito y visualización. Esta regularidad se vio expresada de forma particular en los elementos indicados en la tabla 7.

Como se observa, las manifestaciones del paisaje que se identificaron en El Alvarado también están presentes, en su mayoría, en los otros asentamientos del valle. El único rango de variabilidad se distingue en el tipo de asentamiento que va de aldea a villa pequeña o grande, sin embargo, esta denominación únicamente hace referencia al tamaño de la población y no tiene otras implicaciones. Recordemos que todos los sitios, exceptuando el 2, presentan el mismo arreglo arquitectónico en donde sobresale la conjunción del *huahui ñuhu-aniñe* (templo-palacio), elementos que consideramos fundamentales para la conformación de un *ñuu* (pueblo). De tal forma, para este estudio los asentamientos 1, 3, 4, 5, 6 y 7-8 son considerados *ñuu* (pueblos) y el sitio 2 corresponde con un *siqui*[9] (barrio). Bajo estos términos la propuesta es que este *siqui* dependió del sitio 1.

Con base en los elementos compartidos así como en las relaciones de tránsito[10] y visualización[11] entre los asentamientos, identificamos que existe una fuerte interacción entre ellos. Además de ocupar un mismo espacio natural caracterizado principalmente por un *yodzo* (valle) con lomas que es circundado por varios *yuku* (cerros), pensamos que tienen una forma de organización

---

[9] Esta entidad es entendida como un grupo corporativo unificado por relaciones étnicas y de linaje, con un origen común y relaciones políticas y económicas (Terraciano 2001:106).
[10] Considerando que la distancia mayor entre ellos es de 13 Km, recorrida en un tiempo estimado de 1 h y 50 min.
[11] Hay que recordar que la mayoría de los sitios tienen una relación visual puntual entre ellos.

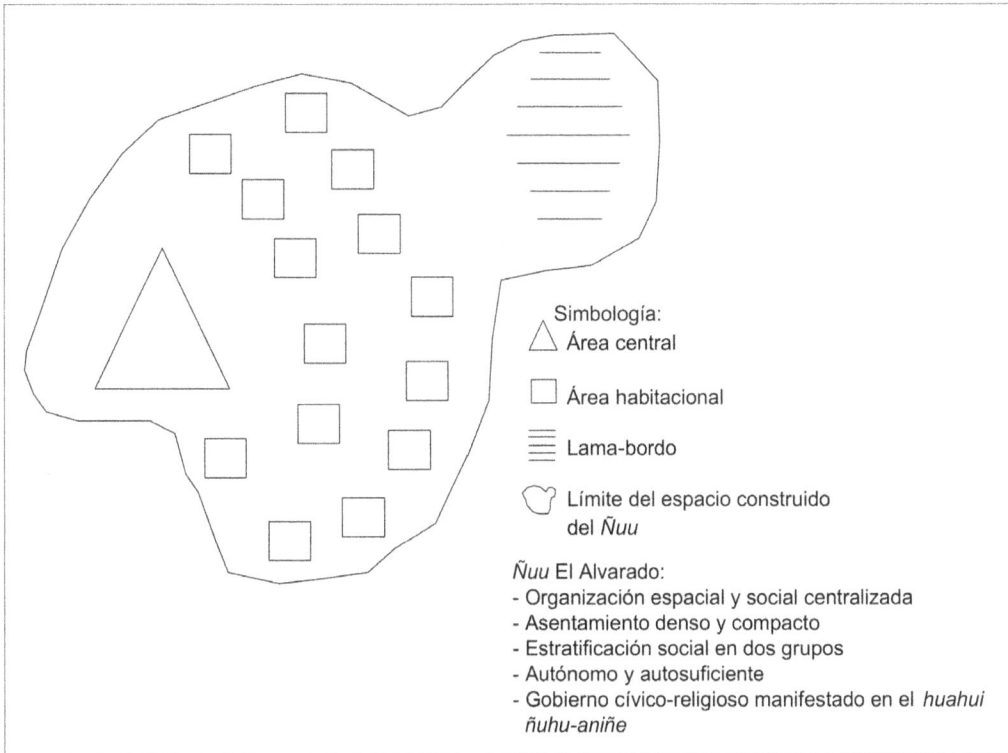

Figura 54. Diagrama que representa la configuración del *Ñuu* El Alvarado.

Tabla 7. Elementos comparativos identificados en los sitios del valle de Tlaxiaco

Sitio	Emplazamiento en *yuku*	Conjunto TPC	Templo T	Orientación de TPC a principales *yuku*	Organización arquitectónica interna	Terrazas concéntricas	Tipo de asentamiento por densidad poblacional estimada
1	*	*	*	Hacia *Yucunino*	Centralizada	*	Villa grande
2	-	-	-	-	-	-	Aldea
3	*	*	*	Hacia *Tindosocua*	Centralizada	*	Villa pequeña
4	*	*	-	Hacia Cerro de la Virgen	Centralizada	*	Aldea
5	*	*	*	Hacia *Yucunino*	Centralizada	*	Villa pequeña
6	*	*	*	Hacia *Yucunino*	Centralizada	*	Villa pequeña
7-8	*	*	*	-	Centralizada	*	Villa grande

* indica la presencia del element; - indica la ausencia del element.

social semejante a la descrita para El Alvarado, es decir, se distinguen principalmente dos grupos sociales. Asimismo, comparten un espacio simbólico que se ve reflejado en la orientación de los TPC y en la aprehensión del paisaje natural, como se hizo notar a través del tránsito.

Aunque los sitios varían en extensión y distribución arquitectónica, en relación a las tres áreas que los componen, todos (sin incluir al sitio 2) presentan una configuración y tamaño semejantes en su área central, lo que indica la existencia de una igualdad de rango entre ellos sin una jerarquía marcada. En este caso no se puede hablar de un tipo de organización centralizada en la que algún asentamiento funcione como cabecera dentro del valle, como ocurre en las áreas de Yucuita, Huamelulpan y Monte Negro. Los asentamientos que conforman esta unidad o sistema del valle de Tlaxiaco se distinguen por ser autónomos y autosuficientes.

De acuerdo a estas características podemos decir que el patrón de asentamiento observado en este valle para la fase Ramos se asemeja a un tipo de distribución convexa, en donde los asentamientos grandes son más pequeños o los pequeños son más grandes de lo esperado en relación a la regla rango-tamaño (Johnson 1977:497; 1980:234). Este tipo de distribución ha sido descrito como el resultado de un sistema de asentamiento compartido y se caracteriza principalmente por una baja integración, en donde los asentamientos que lo componen son autónomos (Johnson 1977:498; 1980:240).

La integración de un sistema hace referencia a la interdependencia o interconexión entre sus partes, en donde la probabilidad de cambio en un asentamiento dado está condicionada por el cambio en otros asentamientos del sistema. Ésta puede verse expresada a nivel arqueológico en diferentes variables, como comercio interno, movimiento poblacional, conectividad de rutas, etc. (Johnson 1980:245).

En el *yodzo* (valle) de Tlaxiaco su integración baja está indicada principalmente por la presencia de un TPC y su *huahui ñuhu-aniñe* (templo-palacio) en cada sitio, ya que esta evidencia nos habla de la existencia de un gobierno propio para cada *ñuu* (pueblo). Asimismo, sus terrazas para agricultura y su ubicación que tiene acceso a diferentes nichos ecológicos (zona de valle con lomas y de montaña) los convierte, hasta cierto punto, en autosuficientes. Finalmente, el tránsito (distancia y tiempo de viaje en relación a las condiciones topográficas) es otro factor que indica la integración baja del sistema, porque entre cada *ñuu* existe un espacio considerable que los delimita como asentamientos independientes, haciendo notar la organización descentralizada.

El tipo de distribución convexa en el patrón de asentamiento puede responder a diversos factores, como la agricultura, en donde esta organización de múltiples asentamientos podría corresponder con una estrategia para minimizar tanto el trabajo requerido como la energía gastada en el desplazamiento hacia las tierras de trabajo (Johnson 1977:490). Al respecto, el patrón disperso del Preclásico Tardío y del Clásico en las tierras bajas mayas, se atribuye a la naturaleza extensiva de sus sistemas agrícolas en relación a los altos requerimientos de mano de obra, no sólo en los campos sino en las terrazas, camellones y drenajes (Drennan 1988:285-286).

Para el caso de estudio, el patrón de asentamiento convexo puede deberse a diferentes causas, como: el interés de aprovechar las tierras fértiles del *yodzo* (valle), como lo sugiere la distribución de los asentamientos alrededor de éste. Asimismo, la asociación de los asentamientos con las terrazas para agricultura nos indica la necesidad de contar con un espacio cercano para esta actividad que disminuyera el tiempo y la energía empleados en el desplazamiento hacia tierras más lejanas, debido a la forma del valle que es angosta (de 0.2 Km a 1 Km) y alargada (de 15 Km).

Otra posibilidad corresponde con el emplazamiento de los sitios en lugares que permiten la obtención de diversos recursos naturales para su vida diaria ya que, de forma general, tienen acceso principalmente a dos nichos: la zona de montaña y la zona de valle con lomas. En el caso del sitio 6 también cuenta con la zona de vertientes del río Numí, mientras que el 7-8 está enclavado totalmente en la zona de montaña.

Además del acceso a estos recursos, la ubicación de los asentamientos es estratégica porque está asociada a las entradas y salidas naturales del valle, descritas con anterioridad en referencia al tránsito, las cuales comunican con diferentes regiones y asentamientos importantes de la fase Ramos en otros valles. Estas condiciones nos hacen pensar que cada sitio tendría relación directa con los objetos e información que provenían o salían de las entradas a las que estaban ligados, reforzando la organización descentralizada en el valle.

Los asentamientos dispersos dentro del valle de Tlaxiaco han sido considerados una unidad o sistema debido a que comparten un área geográficamente delimitada, con una extensión aproximada de 77 kilómetros cuadrados y, principalmente, por la fuerte interacción entre ellos. En este sentido, pensamos que esta unidad de asentamientos puede asociarse con el tipo de organización política mixteca *yuhui tayu*. Nuevamente cabe señalar que esta categoría se ha empleado para asentamientos mixtecos del Posclásico (900-1521 d.C.) y que los ejemplos que más se han trabajado corresponden con valles en donde se distingue un sitio que funciona como cabecera, es decir, con una organización centralizada. Sin embargo, como lo muestra este estudio, es factible hablar de unidades políticas del Preclásico que estuvieron conformadas por asentamientos jerárquicamente equiparables con una organización descentralizada.

Como se mencionó el *yuhui tayu* en el siglo XVI estuvo conformada de dos o más *ñuu*, el más importante era en el que residían el *iya toniñe* y la *iya dzehe toniñe* (pareja gobernante). El término hace referencia tanto a un arreglo político creado por alianzas dinásticas como al espacio físico ocupado por éstas. Como institución incluyó construcciones, tierras, relaciones, trabajadores dependientes, impuestos, privilegios, etc. (Terraciano 2001:158 y 169). Esta forma de organización se ha retomado para describir a los señoríos o cacicazgos mixtecos del Posclásico que geográficamente estaban constituidos por uno o dos valles y sus montes y lomas altas fronterizas y que podían ser mantenidos sin jerarquías administrativas complejas (Spores 2007:99 y 103).

De tal forma, el *yuhui tayu* que existió durante la fase Ramos en Tlaxiaco estuvo integrado por siete asentamientos, seis *ñuu* (pueblos) y un *siqui* (barrio), que estuvieron ubicados sobre montañas y distribuidos a lo largo del valle en un área geográficamente delimitada. Cada *ñuu* tuvo un gobierno propio y hasta cierto punto fue autosuficiente, mostrando una baja integración entre ellos en la que no se distingue un centro principal que haya funcionado como cabecera (figura 55).

Con base en estas características observamos que existe una clara diferencia entre esta organización y las descritas para el siglo XVI y el Posclásico, las cuales se distinguen por una gran diversificación en sus elementos constituyentes y sus funciones. Asimismo, presentan una mayor complejidad en cuanto a su organización y relaciones sociales.

En una visión más amplia y tomando en cuenta la evidencia arqueológica en otros valles de la Mixteca Alta, que deja ver la ausencia de asentamientos mayores con

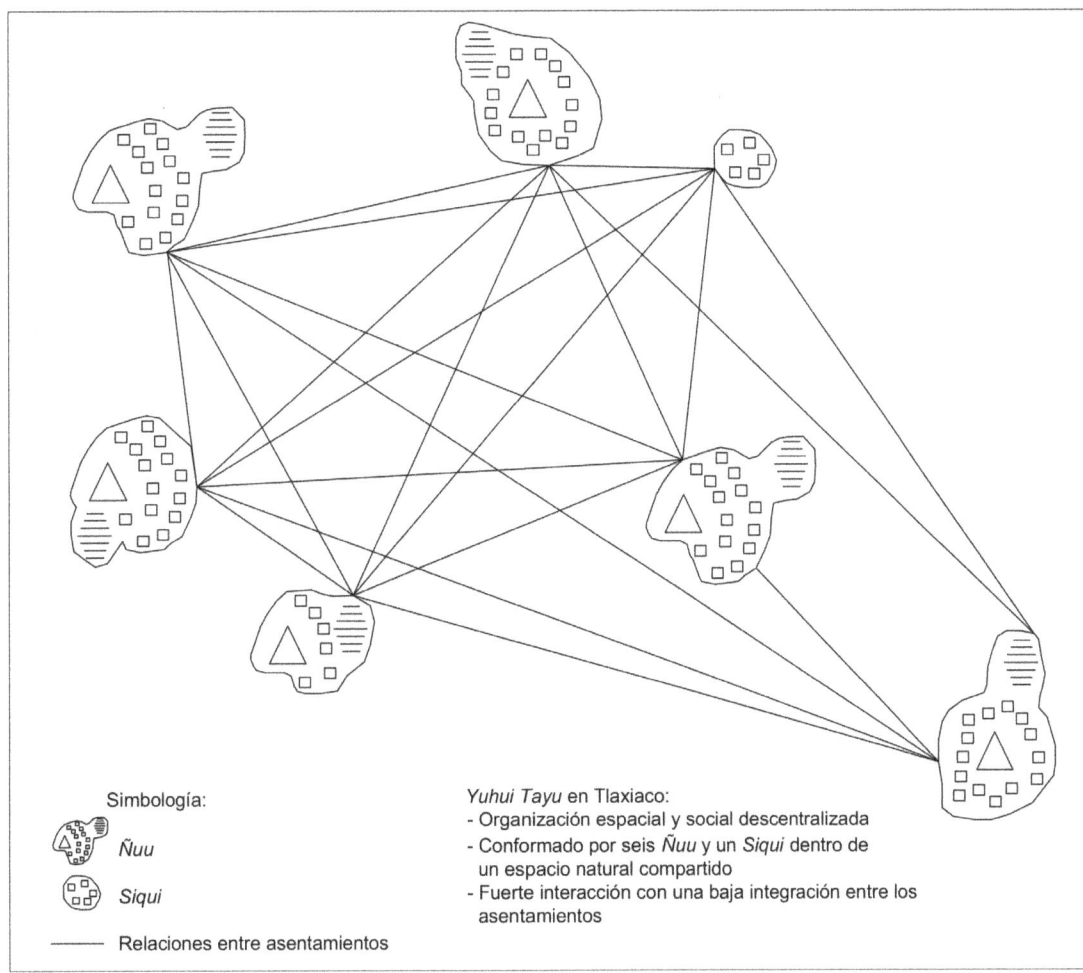

Figura 55. Diagrama que representa la configuración del *Yuhui Tayu* en Tlaxiaco.

funciones centralizadas a manera de cabeceras[12], habría que considerar la existencia de otros sistemas convexos o de organización descentralizada como el expuesto para Tlaxiaco. Cabe señalar que los asentamientos menores con una distribución descentralizada a nivel de valle representan una forma de organización un tanto frecuente, por lo tanto, deberían considerarse como unidades políticas con un funcionamiento propio y distinto, en vez de verlos únicamente en relación a los asentamientos mayores de los sistemas centralizados que se distinguen en un panorama regional.

Aunado a ello debemos pensar que este tipo de agrupamientos estuvieron interactuando con otros sistemas en diferentes valles de la Mixteca Alta, como el de Yucuita, Huamelulpan y Monte Negro. Estos, a diferencia de los primeros, presentaron una organización centralizada a nivel del valle que ocuparon y han sido más estudiados

debido a que generalmente este tipo de asentamientos dan pauta para hablar de centros urbanos tempranos en esta región. Un estudio que conjunte estas dos formas de organización a nivel de valle arrojaría datos interesantes sobre la organización político-social a una escala mayor.

Finalmente, consideramos que el sistema de organización descentralizada descrito en el valle de Tlaxiaco para la fase Ramos (300 a.C.-300 d.C.) fue constante a través del tiempo. Esto debido a que para la fase Flores (300-900 d.C.) se menciona que este valle fue ocupado simultáneamente por varios sitios o centros que funcionaron como cabeceras (Spores 2007:29 y 30). Se registra la existencia de cinco grupos de asentamientos ubicados sobre cerros que rodean al valle, dentro de los que sobresalen por su tamaño, Cerro de la Virgen y Cerro Encantado, aunque se señala que la arquitectura de su área central no es muy diferente de la que presentan los sitios pequeños (Kowalewski, Balkansky, et al. 2009:257-263). Asimismo, se hace notar que la jerarquía de asentamientos es menos desarrollada que la vista en el valle de Nochixtlan (Heredia 2007:77-78) (figura 56).

Para la fase Natividad (900-1521 d.C.) se reportan 24 sitios que incluyen seis residencias, siete villas pequeñas, tres villas grandes y el Cerro de la Virgen como el lugar más grande y la principal ocupación de esta fase. Para esta

---

[12] Ejemplo de esta forma de organización a nivel de valle son las regiones: Lagunas, Yucuañe, Tlacotepec, Teposcolula y Achiutla, para los dos últimos se menciona que la distribución de los sitios y la arquitectura de sus montículos sugieren una jerarquía cívico-ceremonial no integrada, en la que varios lugares tenían diferentes grados de poder y riqueza (Kowalewski, Balkansky, et al. 2009:88, 127, 194, 204 y 216). También se tiene Apoala, en donde los sitios existentes tuvieron un crecimiento gradual y menos pronunciado en términos de complejidad interna a diferencia de Huamelulpan y Yucuita (Geurds 2007:141).

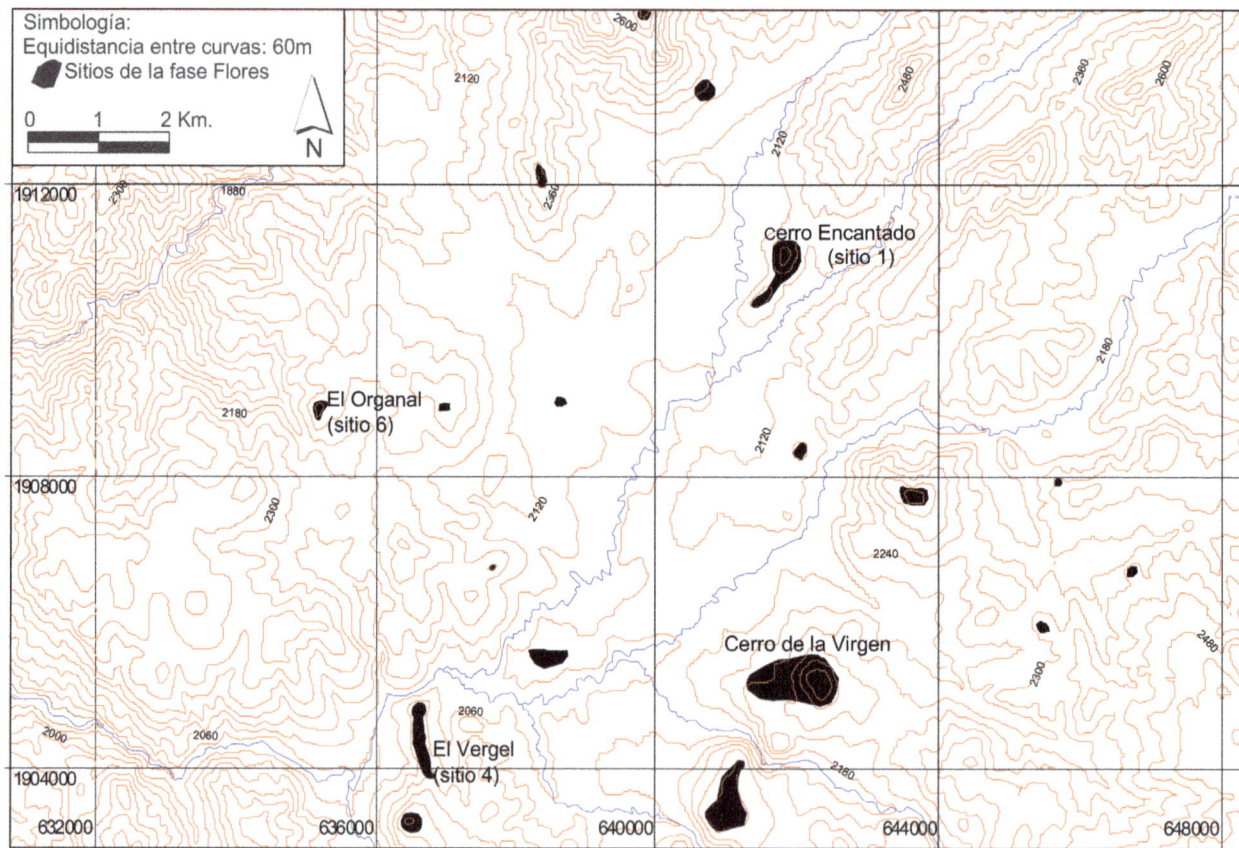

Figura 56. Asentamientos de la fase Flores en el valle de Tlaxiaco, la información fue tomada de *Origins of the Ñuu* (Kowalewski, Balkansky, et al. 2009:261, 270 y 276).

última afirmación se asume la idea de que todo el cerro tuvo terrazas residenciales densamente pobladas, aunque hacen falta más estudios para clarificar esta información (Kowalewski, Balkansky, et al. 2009:263). Cabe mencionar que como parte de este asentamiento se incluye al sitio El Alvarado, que con base en las excavaciones realizadas se observó que su reutilización fue menor y al parecer principalmente de espacios con carácter sagrado. Por tal motivo, no se puede hablar de la existencia de un lugar principal para este periodo.

Además, al igual que en la fase Flores, la arquitectura cívico-ceremonial que distingue a los asentamientos de Tlaxiaco no permite establecer una jerarquía centralizada a nivel de valle (Kowalewski, Balkansky, et al. 2009:267) (figura 57). Otro hecho que deja ver la descentralización para la fase Natividad es la congregación de Tlaxiaco en el siglo XVI, para ésta se conjuntaron varias comunidades que estuvieron ubicadas en cerros y lomas de los alrededores, resultando una cabecera nueva (Spores 2005:14 y 15; 2007:198).

Todo parece indicar que este patrón de asentamiento fue estable a lo largo del periodo prehispánico, ya que podemos asegurar que no hubo alguna cabecera que hiciera un cambio radical. El tener varias parejas gobernantes y no sólo una para la toma de decisiones del *yuhui tayu* trajo estabilidad espacial y temporal en varios ámbitos. Podemos subrayar entonces que este tipo de organización descentralizada a nivel de valle fue exitosa para los habitantes de Tlaxiaco, ya que duró por lo menos 1800 años. El cambio se dio hasta la colonización, cuando la organización se transformó en una centralizada debido a una fuerza externa y violenta.

Finalmente, queremos subrayar que el hecho que consideremos la permanencia de la organización descentralizada en Tlaxiaco no implica que la forma de gobierno, creencias, patrón de asentamiento, relaciones sociales, etc. al interior de cada *ñuu* (pueblo) y entre estos hayan perdurado estáticos a través del tiempo ni que la organización convexa responda a las mismas causas.

12.3. Consideraciones finales

Con el desarrollo de este estudio en el valle de Tlaxiaco queda claro que la Arqueología del Paisaje, bajo un enfoque postprocesual, brinda la oportunidad de considerar otras evidencias que se desprenden directamente de las experiencias de los seres humanos en un paisaje. Este último integrado por el entorno natural y el espacio construido, ambos en correspondencia con el espacio simbólico bajo el que fueron concebidos.

Dos puntos que consideramos relevantes de la metodología que esta arqueología propone son: 1) partir de la deconstrucción de los diferentes elementos del paisaje para su análisis y posteriormente integrarlos para

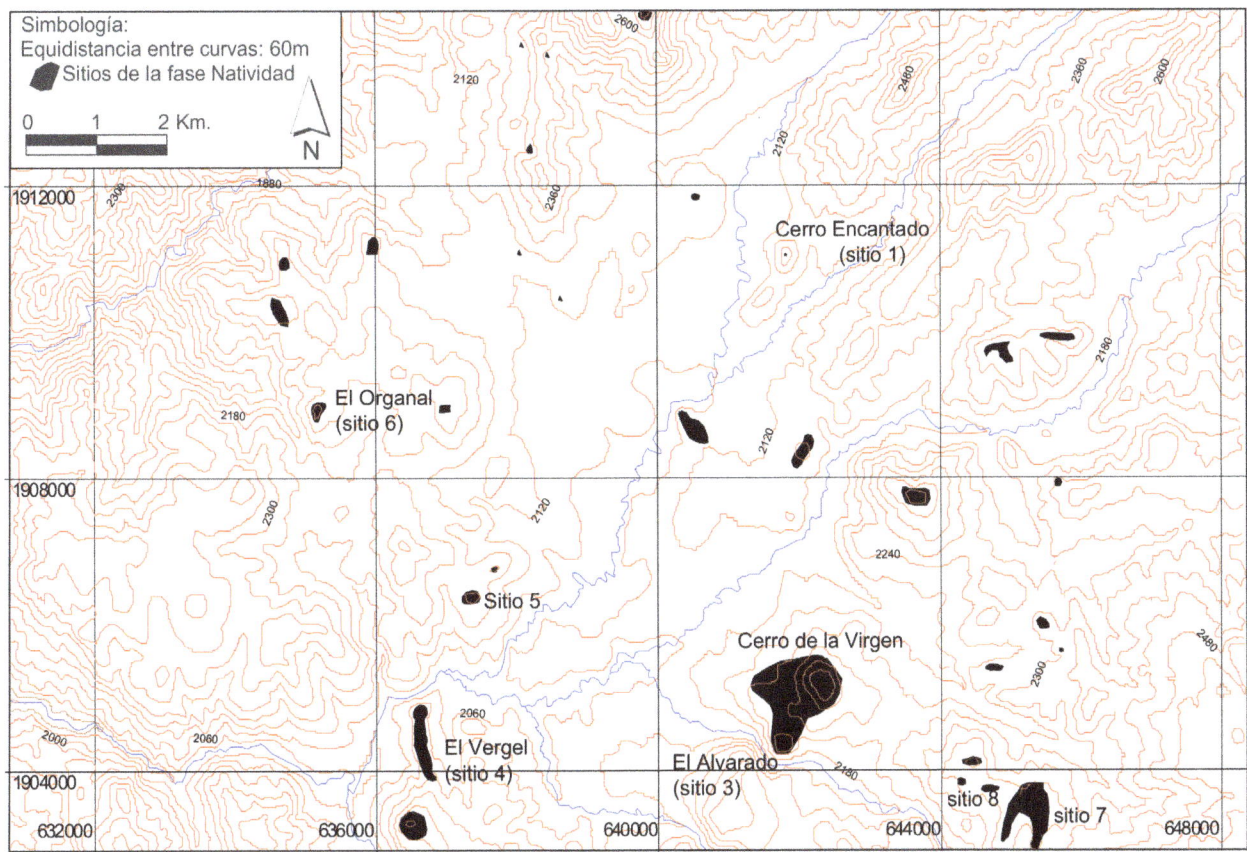

Figura 57. Asentamientos de la fase Natividad en el valle de Tlaxiaco, la información fue tomada de *Origins of the Ñuu* (Kowalewski, Balkansky, et al. 2009:264, 271 y 277).

su entendimiento y 2) la importancia que le confiere a la percepción y a la experiencia para acceder a la dimensión no visible de los contextos arqueológicos. Estos dos puntos, junto con las diversas fuentes de información que se tienen para la región de la Mixteca, hacen que las investigaciones sean más ricas e integrales.

Asimismo, el hecho de que la Arqueología del Paisaje propone la existencia de diferentes manifestaciones del paisaje con sus niveles de articulación, nos llevó a identificar varios espacios y sus principios de ordenación, lo que nos permitió reconocer sus regularidades para hablar de la organización social a nivel de sitio y de valle. En este sentido, la metodología propuesta por esta arqueología nos permitió abordar de forma satisfactoria la problemática planteada en un inicio, teniendo como resultado el esbozo de un paisaje antiguo que existió entre el 300 a.C. y el 300 d.C. En este paisaje se reconoció que El Alvarado y los otros seis asentamientos del valle, en total seis *ñuu* y un *siqui*, presentaban de manera individual una organización político-social centralizada y que en su conjunto integraban una unidad política o *yuhui tayu* descentralizado en el valle de Tlaxiaco.

Con la aplicación del enfoque de la Arqueología del Paisaje y de los análisis que propone nos interesaba mostrar que existen otras formas de aproximarse a los estudios de patrón de asentamiento. En este caso, nosotros elegimos una que integrara la evidencia arqueológica (materiales y monumentos) y el entorno, así como el movimiento, la visualización, la percepción y el simbolismo que experimentaron los habitantes en época prehispánica. Todo esto para hablar de sociedades dinámicas, relacionadas y vivas. De tal forma, pensamos que la investigación que realizamos puede ser retomada para el estudio de la organización social en otros valles de la Mixteca, regiones de Mesoamérica y del mundo, con la seguridad de que se obtendrán resultados positivos e innovadores.

Bibliografía

Acosta, Jorge R., y Javier Romero. *Exploraciones en Monte Negro, Oaxaca*. Antologias Serie Arqueologica. Instituto Nacional de Antropología e Historia. México1992.

Alfaro, Sánchez Gloria. "Suelos." En *Biodiversidad de Oaxaca*, Editado por Abisaí J. García Mendoza, María de Jesús Ordóñez y Miguel Briones Sala, 55-65. México: Instituto de Biología de la Universidad Nacional Autónoma de México, Fondo Oaxaqueño para la Conservación de la Naturaleza y World Wildlife Found, 2004.

Álvarez, Luis Rodrigo. *Geografía General del Estado de Oaxaca*. Segunda ed. Oaxaca. 1994.

Anders, Ferdinand, Maarten E.R.G.N Jansen, y Gabina Aurora Pérez Jiménez. *Orígenes e Historia de los Reyes Mixtecos: Libro Explicativo del Llamado Códice Vindobonenisis*. Códices Mexicanos. Vol. II, México: Sociedad Estatal Quinto Centenario, Akademische Druck und Verlagsanstalt, Fondo de Cultura Económica, 1992.

Ashmore, Wendy. "Classic Maya Landscape and Settlement." En *Mesoamerican Archaeology, Theory and Practice*, Editado Por Julia A. Hendon y Rosemary A. Joyce. 169-191, Blackwell Publishing, 2004.

Avedaño, Salvador. "Santiago Amoltepec... La Otra Vida. Leyenda Sobre el Día de los Muertos." *Oaxaca Profundo, Costumbres y Tradiciones*, 2003, 32.

Balkansky, Andrew. "Urbanism and Early State Formation in the Huamelulpan Valley of Southern Mexico." *Latin American Antiquity* 9, no. 1 (1998): 37-67.

Balkansky, Andrew, Stephen A. Kowalewski, Verónica Pérez, Thomas J. Pluckhahn, Charlotte A. Smith, Laura R. Stiver, Dmitre Beliaev, *et al.* "Archaeological Survey in the Mixteca Alta of Oaxaca, Mexico." *Journal of Field Archaeology* 27, no. 4 (2000): 365-89.

Balkansky, Andrew, Verónica Pérez, y Stephen A. Kowalewski. "Monte Negro and the Urban Revolution in Oaxaca Mexico." *Latin American Antiquity* 15, no. 1 (2004): 33-60.

Barabas, Alicia, y Miguel A. Bartolomé. "La Pluralidad Desigual en Oaxaca." En *Etnicidad y Pluralismo Cultural: La Dinámica Étnica en Oaxaca*. Editado por Alicia M. Barabas y Miguel A. Bartolomé, 13-95. México: Consejo Nacional para la Cultura y las Artes, 1990.

Bernal, Ignacio. "Archaeology of the Mixteca." *Boletín de Estudios Oaxaqueños* 7 (1958): 1-12.

———. "Archaeological Synthesis of Oaxaca." En *Archaeology of Southern Mesoamerica Part 2*, Editado por Gordon R. Willey y Robert Wauchope. Handbook of Middle American Indians. Austin: University of Texas Press Austin 1965.

Binford, Lewis R. "Archaeological Perspectives." En *New Perspectives in Archaeology*. Editado por Lewis R. Binford y Sally Binford, 5-32. Chicago: University of Chicago Press, 1968.

Blanton, Richard E., Stephen A. Kowalewski, Gary Feinman, y Jill Appel. *Monte Alban'S Hinterland, Part I: The Prehispanic Settlement Patterns of the Central and Southern Parts of the Valley of Oaxaca, Mexico*. Prehistory and Human Ecology of the Valley of Oaxaca. Memoirs of the Museum of Anthropology University of Michigan. Number 15. United States of America, 1982.

Blomster, Jeffrey P. *Etlatongo: Social Complexity, Interaction, and Village Life in the Mixteca Alta of Oaxaca, Mexico*. 2004.

———. "Análisis Diacrónicos y Sicrónicos de la Obtención de Obsidiana en la Mixteca Alta, Oaxaca." FAMSI, 2005.

Breen, Murray William. "San Bernabé, Nuevo León: Lugar de Cazadores." En *Expresión y Memoria. Pintura Rupestre y Petrograbado en las Sociedades del Norte de México*, Editado por Carlos Viramontes Anzures y Ana María Crespo Oviedo, 45-61. México: Colección Científica, 1999.

Broda, Johanna. "Cosmovisión y Observación de la Naturaleza: El Ejemplo del Culto de los Cerros en Mesoamérica." En *Arqueoastronomía y Etnoastronomía en Mesoamérica*, Editado por Johanna Broda, Stanislaw Iwaniszewski y Lucrecia Maupomé. Serie de Historia de la Ciencia y la Tecnología: 4, 461-500. México: UNAM, 1991.

Burgoa, Fray Francisco de *Geográfica Descripción de la Parte Septentrional del Polo Ártico de la América y, Nueva Iglesia de las Indias Occidentales, y Sitio Astronómico de esta Provincia de Predicadores de Antequera Valle de Oaxaca*. Editorial Porrúa. México. 1989.

Byland, Bruce. "Political and Economic Evolution in the Tamazulapan Valley, Mixteca Alta, Oaxaca, Mexico: A Regional Approach." Tesis de Doctorado. Pennsylvania: State University, 1980.

Byland, Bruce, y Jhon Pohl. *In the Realm of 8 Deer*. Oklahoma: Norman: University of Oklahoma Press, 1994.

Caso, Alfonso. *Reyes Y Reinos de la Mixteca*. México: Fondo de Cultura Económica, 1996.

———. "Exploraciones en Oaxaca. V Y VI Temporada 1936-1937." En *Alfonso Caso, Obras 3: El México Antiguo (Mixtecas Y Zapotecas)*, 3-146. Mexico: El Colegio Nacional, 2003.

Caso, Alfonso, Ignacio Bernal, y Jorge Acosta. *La Cerámica de Monte Albán*. México: Instituto Nacional de Antropología e Historia, 1967.

Castellón, Huerta Román Blass. Cuthá: El Cerro de la Máscara, Arqueología y Etnicidad en el Sur de Puebla. Colección Científica 490, Instituto Nacional de Antropología e Historia. México 2006.

Centeno, Garcia Elena. "Configuración Geologica del Estado." En *Biodiversidad de Oaxaca*, Editado por Abisaí J. García Mendoza, María de Jesús Ordóñez y Miguel Briones Sala, 29-42. México: Instituto de Biología de la Universidad Nacional Autónoma de México, Fondo Oaxaqueño para la Conservación de la Naturaleza y World Wildlife Found, 2004.

Clarke, David L. "Spatial Information in Archaeology.". En *Spatial Archaeology*, Editado por David L. Clarke, 1-32. Canbridge, England: Academic Press, 1977.

Coordinación General de los Servicios Nacionales de Estadística, Geografía e Informática. *Guía Para La Interpretación De Cartografía: Edafología*. México 1981a.

———. *Guías Para La Interpretación de Cartografía: Uso del Suelo*. México1981b.

Criado, Boado Felipe. «Construcción Social del Espacio y Reconstrucción Arqueológica del Paisaje.» *Boletín de Antropologia Americana* 24 (1991).

———. "El Control Arqueológico de Obras de Trazo Lineal: Planteamientos Desde la Arqueología del Paisaje." En *Actas Del XXII Congreso Nacional de Arqueología*, 253-59. España: VIGO, 1993a.

———. "Visibilidad e Interpretación del Registro Arqueológico." En *Trabajos de Prehistoria*, 39-56, 1993b.

———. "Límites y Posibilidades de la Arqueología del Paisaje." *SPAL* (2), 1993c, 9-55.

———. *Del Terreno al Espacio: Planteamientos y Perspectivas para la Arqueología del Paisaje*. CAPA (Criterios y Convenciones en Arqueología del Paisaje). Universidad de Santiago de Compostela Grupo de Investigación en Arqueología del Paisaje. Vol 6. España. 1999.

Criado, Boado Felipe, David Barreiro, Xosé Lois Armada, Rebeca Blanco Rotea, M. Costa Casais, César Gonzalez Perez, César Parcero Oubiña, M. Pilar Prieto Martínez, y Cristina Sánchez Carretero. "The Heritage Laboratory Strategic Plan: An Interdisciplinary Research Line on Cultural Heritage." Laboratorio de Patrimonio LaPa, España. 2008.

Criado, Boado Felipe, Rodríguez Bonilla Andrés, Dolores Ccrqueiro Landín, Manolo Díaz Vazquez, Matilde González Méndez, Faustino Infante Roura, Fidel Méndez Fernández, et al. *Arqueologia del Paisaje. El Área Bocelo-Furelos Entre los Tiempos Paleolíticos y Medievales*. Arqueoloxía/Investigación Vol. 6, Galicia, España: Xunta de Galicia, 1991.

Cruz, Castillo Oscar Neill. "La Estela 1 de Yucuita, Oaxaca." Apéndice A. En *Ñuu Ñudzahui: La Mixteca de Oaxaca. La Evolución de la Cultura Mixteca Desde los Primeros Pueblos Preclásicos Hasta la Independencia*, 455-62. Oaxaca, Oax.: IEEPO, 2007.

Cruz, López Cenaido. "Patrón de Asentamiento en Santa Catarina Ticua." Escuela Nacional de Antropología e Historia, Tesis Licenciatura, México. 2002.

Dahlgren, Barbro. *La Mixteca: Su Cultura e Historia Prehispánicas*. Cuarta ed. México: UNAM-Instituto de Investigaciones Antropológicas, 1990.

Dehouve, Daniéle. *El Venado, el Maíz y el Sacrificado*. Cuadernos de Etnología. Diario de campo. Vol. 4, México: INAH, 2008.

Diego, Luna Laura. "El Complejo Palaciego de Yucundaa. Una Contrastación de los Modelos Etnohistóricos a Través de la Evidencia Arqueológica." Tesis Liceniatura. Escuela Nacional de Antropología e Historia. 2010.

———. "Ritualidad y Poder: Los Relieves del Aniñe (Palacio) de Yucundaa. Pueblo Viejo de Teposcolula." Tesis de Maestria. Univesidad Nacional Autónoma de México, 2014.

Drennan, Robert D. "Household Location and Compact Versus Dispersed Settlemenet in Prehispanic Mesoamerica." En *Household and Community in the Mesoamerican Past*, Editado por Richard R. Welk y Wendy Ashmore, 273-94. U.S.A.: University of New Mexico press, 1988.

Duncan, William N., Andrew K. Balkansky, Kimberly Crawford, Heather A. Lapham, y Nathan J. Meissner. "Human Cremation in Mexico 3,000 Years Ago." *PNAS*, 2008, 6.

Esparza, Manuel (editor). "Santa María Tlaxiaco, Tlaxiaco." Capitulo. 45 En *Relaciones Geográficas De Oaxaca 1777-1778*, 380-88. México: CIESAS. Instituto Oaxaqueño de las Culturas, 1994.

Falconer, Steven E. y Stephen H. Savage. *Heartlands and Hinterlands: Alternative Trajectories of Early Urbanization in Mesopotamia and Southern Levant*. American Antiquity. Vol. 60 (1), 1995, 37-58.

Feinman, Gary M. "Settlement and Landscape Archaeology." En *International Encyclopedia of the*

Social and Behavioral Sciences, 654-658. U.S.A., 2da Edición, Vol. 21, 2015.

Flannery, Kent V. "Topic 26. Monte Negro: A Reinterpretation." En *The Cloud People: Divergent Evolution of the Zapotec and Mixtec Civilizations*, Editado por Kent V. Flannery y Joyce Marcus, 99-101. U.S.A., 1983.

Flannery, Kent V., y Joyce Marcus. "Topic 15. The Growth of Site Hierarchies in the Valley of Oaxaca: Part I." En *The Cloud People: Divergent Evolution of the Zapotec and Mixtec Civilizations*, Editado por Kent V. Flannery y Joyce Marcus, 53-64. U.S.A., 1983.

———. "Las Sociedades Jerárquicas Oaxaqueñas y el Intercambio con los Olmecas." *Arqueología Mexicana. Cultura Olmeca*, 2007, 71-76.

Forde, Jamie E. "The Conquest of the Place of Flame: Indigenous Daily Life at Late Pre-Hispanic and Early Colonial Achiutla, Oaxaca, Mexico." Colorado, Tesis de Doctorado. Universidad de Colorado. 2015.

Fournier, Patricia. "Arqueología de los Caminos Prehispánicos y Coloniales." *Arqueología Mexicana: rutas y caminos en el México Prehispánico*, 2006, 26-31.

Gamio, Lorenzo. "Informe Sobre la Zona Arqueológica de San Martín Huamelulpan, Tlaxiaco, Oaxaca." México: Instituto Nacional de Antropología e Historia, 1957.

García, Cruz Miguel. "Cuanana y sus Algarabías ". En *Cuanana: Un Pueblo Progresista de la Mixteca Oaxaqueña (Historia-Testimonio)*, 102-09. Oaxaca: Miembros de la Unión Social Cuananense, 1997.

García, Martínez Bernardo. "Veredas y Caminos En Tiempos del Automovil." *Arqueología Mexicana: rutas y caminos en el México Prehispánico*, 2006, 66-69.

Gaxiola, Gonzáles Margarita. *Huamelulpan: Un Centro Urbano de la Mixteca Alta*. México: Coleccion Cientifica-Intituto Nacional de Antropología e Historia, 1984.

Geurds, Alexander. *Grounding the Past. The Praxis of Participatory Archaeology in the Mixtca Alta, Oaxaca, México*. Leiden CNWS Publications, 2007.

Geurds, Alexander, y Maarten E. R.G. N. Jansen. "El Centro Ceremonial de Monte Negro. Un Acercamiento Cognitivo sobre la Urbanización entre los Ñuu Dzaui." En *El Urbanismo en Mesoamerica* Editado por Alba Guadalupe Mastache, Robert H. Cobean, Ángel García Cook y Kenneth G. Hirth, 377-421. México: Instituto Nacional de Antropología e Historia, The Pennsylvania State University, 2008.

Gómez, Rojas Juan Carlos, Romero Macario Arredondo, y Daniel Ortega Osorio. *Geografía Física*. México: Cultural, 1998. Segunda Edición.

González, Arratia Leticia. *Teoría y Metodo en el Registro de las Manifestaciones Gráficas Rupestres*. Cuadernos de Trabajo. Departamento de Prehistoria. Vol. 35, México: Instituto Nacional de Antropología e Historia, 1987.

González, Ramos Antonio, y Francisco Arceo. "Carta Geológica-Minera Oaxaca E14-9. Escala 1:250000. Estado De Oaxaca." 64. México: SGM, 2000.

Gutiérrez, Mendoza Gerardo. "Estructura Territorial y Urbanismo en Mesoamérica: Los Casos Huaxteco Y Mixteco-Tlapaneco-Nahua." En *El Urbanismo en Mesoamérica*, Editado por William T. Sanders, Guadalupe Mastache y Robert H. Cobean, Pensylvania State University 86-118. México. 2003.

Heredia, Espinoza Verenice Y. "Informe Presentado a Famsi Poyecto: La Naturaleza del Gobierno en Centros Secundarios del Periodo Clásico en la Mixteca Alta, Mexico." FAMSI, 2002.

———. *Cities on Hills: Classic Society in Mesoamerica´S Mixteca Alta*. BAR International Series 1728. England: British Archaeological Reports, 2007.

Hodder, Ian. "Postprocessual Archaeology."." En *Advances in Archaeological Method and Theory.*, Editado por Michael Schiffer, 1-26. New York: Academic Press, 1985.

INALI. http://www.inali.gob.mx/.

INEGI. "Carta de Efectos Climáticos de Mayo/Octubre. Oaxaca E14-9." México., 1984a.

———. "Carta de Efectos Climáticos Regionales de Noviembre/Abril. Oaxaca E14-9." México., 1984b.

———. "Carta Edafológica. Oaxaca E14-9." México, 1989a.

———. "Carta Geológica. Oaxaca E14-9." México., 1989b.

———. "Carta Hidrológica de Aguas Superficiales. Oaxaca E14-9." México, 1989c.

———. "Carta de Uso del Suelo y Vegetación. Oaxaca E14-9." México, 1999a.

———. "Carta Topográfica. San Agustín Tlacotepec E14d45." México, 1999b.

———. "Carta Topográfica. Putla Villa de Guerrero E14d44." 2001a.

———. "Carta Topográfica. Tlaxiaco E14d34." 2001b.

———. "Carta Topográfica. Santiago Yolomécatl E14d35." 2002.

———. "Carta Topográfica. Regionalización Fisiográfica: Oaxaca." México: INEGI, 2003.

———. *Síntesis de Información Geográfica del Estado de Oaxaca*. México: INEGI, 2004.

———. *Anuario Estadístico: Oaxaca*. México: INEGI, 2008.

———. *Heróica Ciudad de Tlaxiaco, Oaxaca. Cuaderno Estadístico Municipal* México, 2009.

———. "Ortofoto de la Carta Topográfica Putla Villa de Guerrero E14d44, Sector C." México: INEGI, abril 1995a.

———. "Ortofoto de la Carta Topográfica San Agustín Tlacotepec E14d45, Sector A." México: INEGI, abril 1995b.

———. "Ortofoto de la Carta Topográfica Santiago Yolomécatl E14d35, Sector D." México: INEGI, abril 1995c.

———. "Ortofoto de la Carta Topográfica Tlaxiaco E14d34 Sector F." México: INEGI, abril 1995d.

Ingold, Tim. "The Temporality of the Landscape." En *World Archaeology*, 152-74. Londres, 1993.

Jansen, E.R.G.N. Maarten. "Primeras Mesas Redondas de los Estudios Mixtecos." Paper presented at the Los señores de la mixteca, su estatus y orígen, Oaxaca., 1978.

———. *Huisi Tacu - Estudio Interpretativo de un Libro Mixteco Antiguo: Codex Vindobonensis Mexicanus 1.* Editado por CEDLA. II vols. Vol. I, Amsterdam 1982.

———. "Social and Religious Concepts in Ñuu Dzaui Visual Art." En *Mixtec Writing and Society. Escritura De Ñuu Dzaui*, Editado por Maarten Jansen E.R.G.N. y Laura N. K. van Broekhoven, 187-215. Amsterdam: KNAW Press, 2008.

Jansen, E.R.G.N. Maarten, y Gabina Aurora Pérez. *Historia, Literatura e Ideología De Ñuu Dzahui. El Códice Añute y su Contexto Histórico-Cultural.* Etnohistoria. Colección Voces del Fondo. Oaxaca: Fondo Editorial del Instituto Estatal de Educación Pública de Oaxaca, 2007.

———. *La Lengua Señorial de Ñuu Dzaui. Cultura Literaria de los Antiguos Reinos y Transformación Colonial.* Oaxaca, México: Gobierno del estado de Oaxaca, Secretaría de Cultura del Gobierno del Estado de Oaxaca, Universidad de Leiden, Facultad de Arqueología, Sección América, Colegio Superior para la Educación Integral Intercultural de Oaxaca, 2009a.

———. *Voces Del Dzaha Dzavui (Mixteco Clasicó). Análisis y Conversión del Vocabulario de Fray Francisco de Alvarado (1593)*. Colección: las Palabras del Origen. Oaxaca, México: Colegio Superior para la Educación Integral Intercultural de Oaxaca, 2009b.

Jiménez, Osorio Liana Ivette, Eruvid Cortés Camacho, Roberto Carlos Reyes Espinoza y Emmanuel Posselt Santoyo. "El Cerro de Pedimento en Santa Catarina Yoso Notu, la Reconstrucción en 3D de un Santuario de Origen Precolonial." En Tierras y Dioses en la Mixteca, Editado por Reina Ortiz Escamilla. 285-326, vol. 16. Universidad Tecnológica de la Mixteca, Oaxaca, México 2017.

Jiménez, Osorio Linana Ivette, y Emmanuel Posselt Santoyo. "Informe Técnico del Proyecto Arqueológico Línea de Transmisión Tlaxiaco-Itundujia. Primera Fase: Recorrido de Superficie." Oaxaca: Instituto Nacional de Antropología e Historia, 2006.

———. "Informe Técnico del Proyecto Arqueológico Línea de Transmisión Tlaxiaco-Itundujia. Segunda Fase: Excavación.", 520 pp. Oaxaca.: Instituto Nacional de Antropología e Historia, 2007.

———. "Integrating Oral Traditions and Archaeological Practice: The Case of San Miguel El Grande." En *Bridging the Gaps. Integrating Archaeology and History in Oaxaca. A Volume in Memory of Bruce E. Byland*, Editado Por Danny Zborover, y Peter Kroefges, 263-278. United States of America, University Press of Colorado, 2015.

———. *The Sanctuaries of the Rain God in the Mixtec Highlands, Mexico: A Review from the Present to the Precolonial Past.* Water History. Indigenous Water History Vol. 8 (4) 2016, 449-468.

———. "Tiempo, Paisaje y Líneas de Vida en la Arqueología de Ñuu Savi (La Mixteca, México)". Tesis de Doctorado. Leiden University Press. Univesidad de Leiden, 2018.

Johnson, Gregory A. "Aspects of Regional Analysis in Archaeology ". En *Annual Review of Anthropology* 479-508. U.S.A.: Annual Reviews, 1977.

———. "Rank-Size Convexity and System Integration: A View from Archaeology." En *Economic Geography*, 234-47. U.S.A: Clark University, 1980.

Joyce, Arthur A. *Mixtecs, Zapotecs and Chatinos, Ancient Peoples of Southern Mexico the Physical Environment of the Nochixtlan Valaley, Oaxaca.* Wiley-Blackwell, United States of America. 2010.

Joyce, Arthur A., Marcus Winter, y Raymond G. Muller. *Arqueología de la Costa de Oaxaca. Asentamientos del Periodo Formativo en el Valle del Río Verde Inferior.* Estudios de Antropología e Historia N 40. Oaxaca: Instituto Nacional de Antropología e Historia, 1998.

Kirkby, Michael. *The Physical Environment of the Nochixtlan Valaley, Oaxaca.* V.U.P.A. Vol. 2, Nashville Tennessee 1972.

Kisjes, Iván. "Monte Negro in Numbers." M.A thesis., Leiden, 2001.

Kowalewsky, Stephen A. "Regional Settlement Pattern Studies." *Journal of Archaeological Research*, Vol 16 No. 3 (2008): 225-285.

Kowalewski, Stephen A., Richard E. Blanton, Gary Feinman, y Laura Finsten. "Boundaries, Scale, and Internal Organization." *Journal of Anthropological Archaeology* 2, no. N. 1 (1983): 33-56.

Kowalewski, Stephen, Andrew K. Balkansky, Laura R. Stiver Walsh, Thomas J. Pluckhahn, Jhon F. Chamble,

Verónica Pérez Rodríguez, Verenice Y. Heredia Espinoza, y Charlotte A. Smith. *Origins of the Ñuu, Archaeology in the Mixteca Alta, Mexico*. Colorado USA: University press of Colorado, 2009.

Kowalewski, Stephen A , Luis Barba Pingarrón, Gabriela García Ayala, Benjamin A. Steere, Jorge Blancas Vázquez, Marisol Yadira Cortés Vilchis, Leonardo López Zárate*, et al.* "La Presencia Azteca en Oaxaca: La Provincia de Coixtlahuaca." *Anales de Antropología* 44 (2010): 77-103.

Kowalewsky, Stephen A., Benjamin A. Steere, Luis Barba Pingarrón, Jorge Blancas Vázquez, Agustín Ortiz Butrón, Marisol Cortés Vilchis, Gabriela García Ayala*, et al.* "Dos Ciudades Prehispánicas en Coixtlahuaca, Oaxaca." *Cuadernos del Sur. Revista de Ciencias Sociales* 16, no. 30 (2011): 93-111.

López, Austin Alfredo, y Leonardo López. *El Pasado Indígena. Hacia Una Nueva Historia de México*. Segunda ed. México: Fondo de Cultura Económica, 2001.

Lorenzo, José Luis. *Un Sitio Precerámico en Yanhuitlán, Oax.* México: Instituto Nacional de Antropología e Historia, 1958.

Maldonado, Cárdenas Rubén. «Los Sistemas de Caminos del Norte de Yucatán.» En *Seis Ensayos Sobre Antiguos Patrones de Asentamiento en el Área Maya*, Editado por Ernesto Vargas Pacheco, 68-92. México: UNAM-IIA, 1995.

Manzanilla, Linda. "La Hipótesis Demográfica y el Origen del Estado: Crítica Metodológica." *Boletín de Antropología Americana*, no. No. 7 (1983): 19-28.

Manzanilla, López Rubén. *Cuetlajuchitlan, Sitio Preurbano en Guerrero. Un Ejemplo de Sociedad Jerárquica Agrícola en la Región Mezcala*. Páginas Mesoamericanas. Ediciones Euroamericanas. Vol. 4, México: CONACULTA-INAH, 2006.

Mañana, Borrazas Patricia, Rebeca Blanco, y Xurxo Ayán Vila. *Arqueotectura 1: Bases Teórico- Metodológicas para Una Arqueología de la Arquitectura*. TAPA. Vol. 25, Santiago de Compostela: Universidad de Santiago de Compostela, 2002.

Marcus, Joyce, y Kent V. Flannery. *La Civilización Zapoteca: Cómo Evolucionó la Sociedad Urbana en el Valle de Oaxaca*. México: Fondo de Cultura Económica, 2001.

Marroquín, Alejandro. *La Ciudad Mercado (Tlaxiaco)*. Clásicos de la Antropología Mexicana. Vol. IV, México: Instituto Nacional Indigenista, 1957.

Matadamas, Raúl. "Rescate Arqueológico en Yucunama, Mixteca Alta De Oaxaca." *Notas Mesoamericanas* 3 (1992).

Matsubara, Nobuyuki, José Luis Tenorio Rodríguez y Ronald Spores. "La Gran Calzada de las Cuevas de Yucundaa." En *Yucundaa. La ciudad Mixteca y su Transformación Prehispánica-Colonial*, Editado por Spores, Ronald y Nelly M. Robles García, 203-223. México: Instituto Nacional de Antropología e Historia y Fundación Alfredo Harp Helú Oaxaca, 2014.

Méndez, Aquino Alejandro. *Historia de Tlaxiaco (Mixteca)*. México1985.

Mendiola, Galván Fransisco. "El Arte Rupestre: Una Realidad Gráfica del Pasado en el Presente." En *Expresión y Memoria. Pintura Rupestre y Petrograbado en las Sociedades del Norte de México*, Editado por Anzures Carlos Viramontes y Ana María Crespo, 19-25. México: Colección Científica, 1999.

Mindek, Dubravka. *Mixtecos*. Pueblos Indígenas del México Contemporáneo. México: Comisión Nacional para el Desarrollo de los Pueblos Indígenas, 2003.

Monaghan, John. *The Covenants with Earth and Rain. Exchange, Sacrifice, and Revelation in Mixtec Sociality*. The Civilization of the American Indian Series. U.S.A.: University of Oklahoma Press, 1995.

Ordóñez, María de Jesús. "El Territorio." En *Biodiversidad de Oaxaca*, Editado por Mendoza Abisaí J. García, María de Jesús Ordóñez y Miguel Briones, 469-79. México: Instituto de Biologìa de la Universidad Nacional Autonoma de Mèxico, Fondo Oaxaqueño para la Conservaciòn de la Naturaleza y World Wildlife Found, 2004.

Orejas, Saco del Valle Almudena. "Arqueológia del Paisaje: Historia, Problemas y Perspectivas." *Archivo español de arqueología* 64, no. No. 163-164 (1991): 191-230.

Ortíz, Díaz Edith. "Caminos y Rutas de Intercambio Prehispánico." *Arqueología Mexicana: rutas y caminos en el México Prehispánico*, 2006, 37-42.

Ortíz, Pérez Mario, José R. Hernández, y José M. Figueroa Mah-Eng. "Reconocimiento Fisiográfico y Geomorfológico." En *Biodiversidad de Oaxaca*, Editado por Mendoza Abisaí J. García, María de Jesús Ordóñez y Miguel Briones Salas, 605. México: Instituto de Biología de la Universidad Nacional Autonoma de México, Fondo Oaxaqueño para la Conservaciòn de la Naturaleza y World Wildlife Found, 2004.

Pérez, Jiménez Gabina Aurora. *Sahín Sáu. Curso de Lengua Mixteca (Variante De Ñuú Ndéyá)*. Oaxaca, México: Universidad de Leiden, CSEIIO, Secundarias Comunitarias Indígenas y CEDELIO, 2008.

Pérez, Rodríguez Verónica. *Household Intensification and Agrarian States: Excavation of Houses and Terraced Fields in a Mixtec Cacicazgo*. FAMSI. The University of Georgia, 2003.

———. "Satates and Households: The Social Organization of Terrace Agriculture in Postclassic Mixteca Alta, Oaxaca, México." *Latin American Antiquity* 17, no. 1 (2006): 3-22.

———. "Informe Técnico del Proyecto Arqueológico "Investigaciones en Cerro Jazmín: Un Estudio Sobre el Urbanismo y el Paisaje Aterrazado de la Mixteca Alta, Oaxaca" Temporada 2008." 43: , 2008.

———. "Recent Advances in Mixtec Archaeology." *Journal of Archaeological Research* 21-1 (2012):75-121.

———. " Investigaciones Recientes sobre el Urbanismo Temprano en Cerro Jazmín, Mixteca Alta, Oaxaca." *Cuadernos del Sur* 40 (2016): 62-91.

Pérez, Rodríguez Verónica, Kirk C. Anderson, y Margaret K. Neff. "The Cerro Jazmín Archaeological Project: Investigating Prehispanic Urbanism and its environmental Impact in the Mixteca Alta,Oaxaca, Mexico." *Journal of Field Archaeology* 36, no. 2 (2011): 83-99.

Pérez, Rodríguez Verónica, Antonio Martínez Tuñon, Laura R. Stiver Walsh, Gilberto Pérez Roldan y Fabiola Torres Estévez. "Feasting and Building an Urban Society at Cerro Jazmín, Oaxaca, México." *Journal of Field Archaeology* 42, no. 2 (2017): 115-128.

Plunket, Patricia Scarborough. "An Intensive Survey in the Yucuita Sector of the Nochixtlan Valley, Oaxaca, Mexico." Colorado, Tesis de Doctorado. Universidad de Tulane. 1983.

Plunket, Patricia, y Gabriela Uruñuela. "Informe Final al Consejo de Arqueología del INAH del Proyecto Recorrido Intensivo del Sector Yucuita del Valle De Nochixtlán, Oaxaca." México: Instituto Nacional de Antropología e Historia, 1985.

Pohl, John, y Bruce Byland. "Mixtec Landscape Perception and Archaeological Settlement Patterns." En *Ancient Mesoamerica*. Nashville Tennessee, 1990.

Posselt, Santoyo Emmanuel y Liana Ivette Jiménez Osorio. "Hacia una Práctica Arqueológica Multivocal: El Antiguo Reinado de Ñuu Ndaya (El Pueblo de los Ancestros) en la Mixteca, México." En *Mitos: Creencias e Iconografía Mixteca*, Editado por Reina Ortiz Escamilla. 131-154. Universidad Tecnologica de la Mixteca, Oaxaca, México 2019.

Ramírez, Alfonso Francisco. *Por los Caminos de Oaxaca*. México1958.

Ravicz, Robert S. *Organización Social de los Mixtecos*. México: Instituto Nacional Indigenista, 1965.

Renfrew, Colin, y Paul Bahn. *Arqueología. Teorías, Métodos Y Práctica*. Segunda ed. Madrid, España1998.

Rincón, Mautner Carlos. "Man and the Environment in the Coixtlahuaca Basin of Northwestern Oaxaca, Mixteca Region, Mexico: Two Thousand Years of Historical Ecology." Tesis de Doctorado, The University of Texas, Austin, 1999.

Rivera, Guzmán Angel Iván. "El Patrón de asentamiento en la Mixteca Baja de Oaxaca: Análisis del Área de Tequixtepec- Chazumba." Tesis de Licenciatura, Escuela Nacional de Antropología e Historia, 1999.

———. "Los Inicios De La Escritura En La Mixteca." En *Mixtec Writing and Society. Escritura De Ñuu Dzaui*, Editado por Maarten Jansen E.R.G.N. y Laura N. K. van Broekhoven, 109-44. Amsterdam: KNAW Press, 2008.

Robles, García Nelly M. *Las Unidades Domésticas del Preclásico Superior en la Mixteca Alta*. BAR Internacional. Oxford, Inglaterra: British Archaeological Reports, 1988.

Ruíz, Rosalio Félix. "Informe del Proyecto de Recorrido de Superficie del Tramo Tlaxiaco-Putla y Rescate Arqueológico en el Sitio de la Ranchería El Vergel en el Paraje "La Cruz", en la Mixteca Alta, Tlaxiaco 95, Temporada Octubre-Noviembre." Oaxaca: Instituto Nacional de Antropología e Historia. 1995.

Sahagún, Fray Bernardino de *Historia General de las Cosas de Nueva España*. Cien de México Conaculta. Segunda ed. III vols. Vol. II, México: López Austin, Alfredo y Josefina García 1998.

Sanders, William T., Jeffrey R. Parsons, y Robert S. Santley. *The Basin of Mexico: Ecological Processes in the Evolution of a Civilization*. New York: Academic Press, 1979.

Schmid, Elisabeth. "Sedimentos en Cuevas en los Estudios Prehistóricos." En *Ciencia en Arqueología*, Editado por Brothwell R. y Eric Higgs, 152-68. México: Fondo de Cultura Economica, 1982.

Schoenwetter, James. "Pollen Records of Guilá Naquitz." *American Antiquity* 39 (1974): 292-303.

SGM. "Carta Geológico-Minera Oaxaca E14-9. Oaxaca y Puebla." México: Servicio Geológico Méxicano, 2000.

Shanks, Michael. "Post-Processual Archaeology and After." En *Handbook of Archaeological Theories*. Editado Por Alexander Bentley, Hebert Maschner y Christopher Chippindale 133-144, Walnut Creek y Altamira, 2007.

Smith, C. Earle. *Modern Vegetation and Ancient Plant Remains of the Nochixtlan Valley, Oaxaca*. V.U.P.A. Vol. 16, Nashville Tennessee1976.

———. "The Vegetational History of the Oaxaca Valley." En *Memoirs of the Museum of Anthropology University of Michigan. Number 10*. Editado por Kent V. Flannery y Richard E. Blanton. Prehistory and Human Ecology of the Valley of Oaxaca, 1-30. U.S.A: ANN ARBOR, 1978.

Spores, Ronald. "Settlement, Farming Technology, and Enviroment in the Nochixtlan Valley." *SCINCE* 166 (1969): 557-69.

———. *An Archaeological Settlement Survey of the Nochixtlan Valley, Oaxaca*. V.U.P.A. Vol. 1, Nashville, Tennessee1972.

———. "Topic 36. Ramos Phase Urbanization in the Mixteca Alta." En *The Cloud People: Divergent Evolution of the Zapotec and Mixtec Civilizations.*, Editado por Kent V. Flannery y Joyce Marcus, 120-22. U.S.A., 1983a.

———. "Topic 70. The Origin and Evolution of the Mixtec System of Social Stratification." En *The Cloud People: Divergent Evolution of the Zapotec and Mixtec Civilizations*, Editado por Kent V. Flannery y Joyce Marcus, 227-37. U.S.A., 1983b.

———. *The Mixtecs In Ancient And Colonial Times*. University Of Oklahoma Press: Norman. U.S.A:, 1984.

———. "Informe Final al Consejo de Arqueológia del INAH Del Proyecto: Recorrido Arqueológico de la Región Mixteca Central y Oeste 1993-1995.". Oaxaca: Centro INAH, 1995.

———. "Estudios Mixtecos, Ayer, Hoy y Mañana: ¿Dónde Estábamos, Dónde Estamos, Hacia Dónde Vamos?". En *Procesos de Cambio y Conceptualización del Tiempo. Memoria de la Primera Mesa Redonda de Monte Albán*, Editado por Nelly M. Robles García, 165-82. México, 2001.

———. "El Impacto de la Política de Congregaciones en los Asentamientos Coloniales de la Mixteca Alta, Oaxaca: El Caso de Tlaxiaco y su Región." *Cuadernos del Sur* 22 (2005): 7-16.

———. *Ñuu Ñudzahui: La Mixteca de Oaxaca. La Evolución de la Cultura Mixteca desde los Primeros Pueblos Preclásicos Hasta la Independencia*. Serie Etnohistoria. Voces del Fondo. Oaxaca: IEEPO, 2007.

———. "Excavations at Yucundaa, Pueblo Viejo de Teposcolula." En *Mixtec Writing and Society. Escritura de Ñuu Dzaui*, Editado por Maarten Jansen E.R.G.N. y Laura N. K. van Broekhoven, 253-85. Amsterdam: KNAW Press, 2008.

———. *Yucundaa. Pueblo Viejo de Teposcolula*. México2009.

Spores, Ronald, y Andrew K. Balkansky. *The Mixtecs of Oaxaca: Ancient Times to the Present*. The Civilization of the American Indian. Vol. 267, U.S.A: university of Oklahoma Press, 2013.

Spores, Ronald, y Nelly Robles. *El Pueblo Viejo de Teposcolula Yucudaa. Proyecto Arqueológico: Primera Temporada (2004) Resultados Reportados al Consejo de Arqueología del INAH*. Cuadernos de Teposcolula. Vol. 3, Oaxaca: Instituto Nacional de Antropología e Historia, Fundación Alfredo Harp Helú y Ayuntamiento de San Pedro y San Pablo Teposcolula, 2004.

———, eds. *Yucundaa. La Ciudad Mixteca y su Transformación Prehispánica-Colonial*. Colección Historia. II vols. Vol. I, Logos: INAH y FAO, 2014a.

———, eds. *Yucundaa. La Ciudad Mixteca y su Transformación Prehispánica-Colonial*. Colección Historia. II vols. Vol. II, Logos: INAH y FAO, 2014b.

Stiver, Laura. "Prehispanic Mixtec Settlement and State in the Teposcolula Valley of Oaxaca, Mexico." Vanderbilt University, 2001.

Terraciano, Kevin. *The Mixtecs of Colonial Oaxaca: Ñudzahui History, Sixteenth Trough Eighteenth Centuries.* Stanford California: Stanford University Press, 2001.

Torres, Colín Rafael. "Tipos de Vegetación." En *Biodiversidad de Oaxaca*, Editado por Mendoza Abisaí J. García, María de Jesús Ordóñez y Miguel Briones Sala, 105-17. México: Instituto de Biologìa de la Universidad Nacional Autonoma de Mèxico, Fondo Oaxaqueño para la Conservaciòn de la Naturaleza y World Wildlife Found, 2004.

Trejo, Irma. "Clima." En *Biodiversidad de Oaxaca*, Editado por Mendoza Abisaí J. García, María de Jesús Ordóñez y Miguel Briones Salas, 67-85. México: Instituto de Biologìa de la Universidad Nacional Autonoma de Mèxico, Fondo Oaxaqueño para la Conservaciòn de la Naturaleza y World Wildlife Found, 2004.

Urcid, Javier. "Paisajes Sagrados y Memoria Social: Las Inscripciones Ñuiñie en el Puente Colosal, Tepelmeme, Oaxaca." En *Reporte del Proeyecto Ndaxagua* 62: FAMSI, 2005.

Viramontes, Anzures Carlos. "La Pintura Rupestre como Indicador Territorial. Nómadas y Sedentarios en la Marca Fronteriza del Río San Juan, Querétaro." En *Expresión y Memoria. Pintura Rupestre y Petrograbado en las Sociedades del Norte de México*, Editado por Carlos Viramontes Anzures y Ana María Crespo, 87-105. México: Coleccion Cientifica, 1999a.

———. "Las Manifestaciones Gráficas Rupestres. Una Búsqueda Metodológica." En *Expresión y Memoria. Pintura Rupestre y Petrograbado en las Sociedades del Norte de México*, Editado por Carlos Viramontes Anzures y Ana María Crespo, 27-42. México: Coleccion Cientifica, 1999b.

Vita-Finzi, Claudio. *Archaeological Sites in Their Setting*. London: Thames and Hudson, 1978.

White, Devin A. y Sarah B. Barber. "Geospatial Modeling of Pedestrian Transportation Networks: A Case Study from Pre-Columbian Oaxaca." *Journal of Archaeology Science* 39 (2012).

Whittington, Stephen. "El Mapa de Teozacoalco: An Early Colonial Guide to a Municipality in Oaxaca." In *The Saa Archaeological Record*, Editado por Society for American Archaeology, 20-22. Washington 2003.

Whittington, Stephen, y Andrew Workinger. "The Archaeology and History of Colonialism, Culture Contact, and Indigenous Cultural Development at Teozacoalco, Mixteca Alta." En *Bridging the Gaps. Integrating Archaeology and History in Oaxaca, Mexico; a Volume in Memory of Bruce E. Byland*, editado por Danny Zborover y Peter Kroefges, 209-29. U.S.A: University Press of Colorado, 2015.

Whittington, Stephen, y Nancy Gonlin. "The Map Leads the Way: Archaeology in the Mixteca Alta, Oaxaca, Mexico." Capitulo 6. En *Human Adaptation in Ancient Mesoamerica. Empirical Appproaches to Mesoamerican Archaeology*, editado por Nancy Gonlin y Kirk D. French, 125-52: University Press of Colorado, 2016.

Whittington, Stephen, Ismael Gabriel Vicente Cruz y José Leonardo López Zárate. "La Arqueología del Cerro de Amole en Teozacoalco, Mixteca Alta, Oaxaca." En: *La Región Mixteca, de la Arqueología a la Política*, Editado Reina Ortiz Escamilla, 79-94. Universidad Tecnologica de la Mixteca, 2018.

Wiesheu, Walburga. *Religión y Política en la Transformación Urbana*. Instituto Nacional de Antropología e Historia. México: Colección Científica, 2002.

Winter, Marcus. "Obsidiana e Intercambio en Oaxaca Prehispánica." *Estudios de Antropología e Historia. Centro Regional de Oaxaca, INAH*, no. No. 20 (1979): 1-5.

———. *Guía: Zona Arqueológica de Yucuita*. Oaxaca: Centro Regional de Oaxaca. Instituto Nacional de Antropología e Historia, 1982.

———. "La Arqueología de la Mixteca Alta en 1981." En *Investigaciones Recientes en el Áreea Maya. XVII Mesa Redonda*, Sociedad Mexicana de Antropología, 53-58. México, 1984.

———. *Oaxaca: The Archaeological Record*. Segunda ed. Oaxaca, Oax.2004.

———. *Cerro de las Minas: Arqueología de la Mixteca Baja*. Segunda ed. Oaxaca. 2007.

Zárate, Morán Roberto. "Excavaciones en un Sitio Preclásico en San Mateo Etlatongo Nochixtlán, Oaxaca." 1987.

Apéndice 1

Cerámica recuperada en excavación

Grupo: Yucuita Tan Wares

Tipo: Mariana Variety

Pasta: es de textura fina a media; algunos ejemplares son muy arenosos y tienen inclusiones de arenilla y cuarzo; tienden a ser bastante frágiles debido a su poca compactación. Usualmente la técnica de enrollado es visible, algunos tienen una apariencia casi corrugada en su superficie externa; tiende a fragmentarse en tiestos grandes; su laminación es común; el color del núcleo y cortex son diferentes. El color de su superficie es también muy variable, va de marrón claro a obscuro, marrón, naranja, café, gris y negro.

Acabado de superficie y decoración: una o ambas superficies tiene huellas de haber sido ralladas, alisadas o limpiadas. Una superficie, generalmente el exterior tiene una apariencia de que fue remojado, recientemente recubierto; el interior es alisado y terminado con más cuidado. La superficie tiende a ser un tanto porosa y absorbente, particularmente el exterior, los tiestos emitieron considerable oxigeno cuando fueron inmersos en agua.

Temporalidad: este tipo es codominante en la fase Ramos (Spores 1972:52-54).

Formas encontradas en el sitio: comales que pueden tener o no un baño café, alisados al interior; ollas de cuerpo globular alisadas al exterior, algunas de aspecto rugoso.

Grupo: Yucuita Tan Wares

Tipo: Alicia Variety

Pasta: textura fina a media fina, polvosa, muy similar al Mariana variety sin pulir pero con mejor compactación, las huellas por la técnica de enrollado no son tan frecuentes como en Mariana, ocasionalmente se presentan inclusiones de cuarzo en su cuerpo esponjoso, es regularmente micácea; el cortex es más claro y el núcleo más obscuro. El color va de marrón, café obscuro y naranja, siendo más común café, gris y negro, la combinación de colores es común. Las variedades naranjas son más frecuentes en las Flores que en la Ramos, donde el color marrón y marrón obscuro son predominantes.

Acabado de superficie y decoración: las superficies están bien alisadas, pulidas o con recubrimiento. Algunas veces el baño gris, negro o naranja es aplicado de forma más luminosa que el de la superficie de abajo o un baño blanco brillante o amarillo-blanco aplicado sobre el cuerpo obscuro. La superficie es dura al tacto y de apariencia pulida. Presenta manchas obscuras y el contraste de superficies brillantes y obscuras es común.

La decoración consiste principalmente en la aplicación de finas líneas incisas en los bordes, siempre al exterior de los cajetes semiesféricos y menos frecuentes en los fondos; la decoración de los cajetes cónicos es más variada. Para las ollas se presentan incisiones verticales en las paredes y cuello (figura 58).

Temporalidades: surge en la fase Cruz Tardía, aumenta para la fase Ramos, siendo dominante o codominante y continúa en menor medida para la fase Flores (Spores 1972:54-56).

Formas encontradas en el sitio: cajetes cónicos con doble línea incisa bajo el borde interior que no presentan engobe; cajetes cónicos sencillos y semiesféricos sin decoración, dentro de estos tiestos sin decoración incisa y sin engobe hay algunos en los que sobresalen las partículas de mica; comales con dos asas, ollas de cuerpo globular con cuello corto recto divergente y algunos fragmentos de cuello curvo divergente; cajetes cónicos con doble línea incisa bajo el borde interior, cajete de silueta compuesta inciso al exterior, cántaros con una banda incisa en la parte inferior del cuello formad por dos líneas horizontales paralelas así como fragmentos de cuerpos decorados al exterior por líneas rectasque dan forma a cuerpos geométricos cuadrados. Todas estas formas presentan un baño de color naranja ya sea al interior, exterior o en ambos lados.

Cajetes cónicos, semiesféricos y de silueta compuesta sencillos; cajete cónico inciso al exterior y olla miniatura incisa al exterior con líneas rectas y quebradas; este material tiene un baño de color rojo al interior, exterior o en ambos lados, notoriamente diferente del anaranjado antes mencionado. Los materiales con engobe naranja y rojo se identifican como Rojo Pulido dentro del área de Huamelulpan (Gaxiola Gonzáles 1984:20).

Cajetes simples sin decoración, cajetes cónicos con doble línea incisa bajo el borde inferior, cajetes de silueta compuesta con una banda incisa al exterior que esta delimitada por dos líneas paralelas entre las que se encuentran tres o cuatro líneas ondulantes o quebradas y cántaros con una banda incisa delgada sobre la parte inferior del cuello. Estas formas presentan un engobe negro pulido al interior o exterior. Estos materiales corresponden con el tipo Negro Pulido identificado para Huamelulpan (Gaxiola Gonzáles 1984:24) (figura 59).

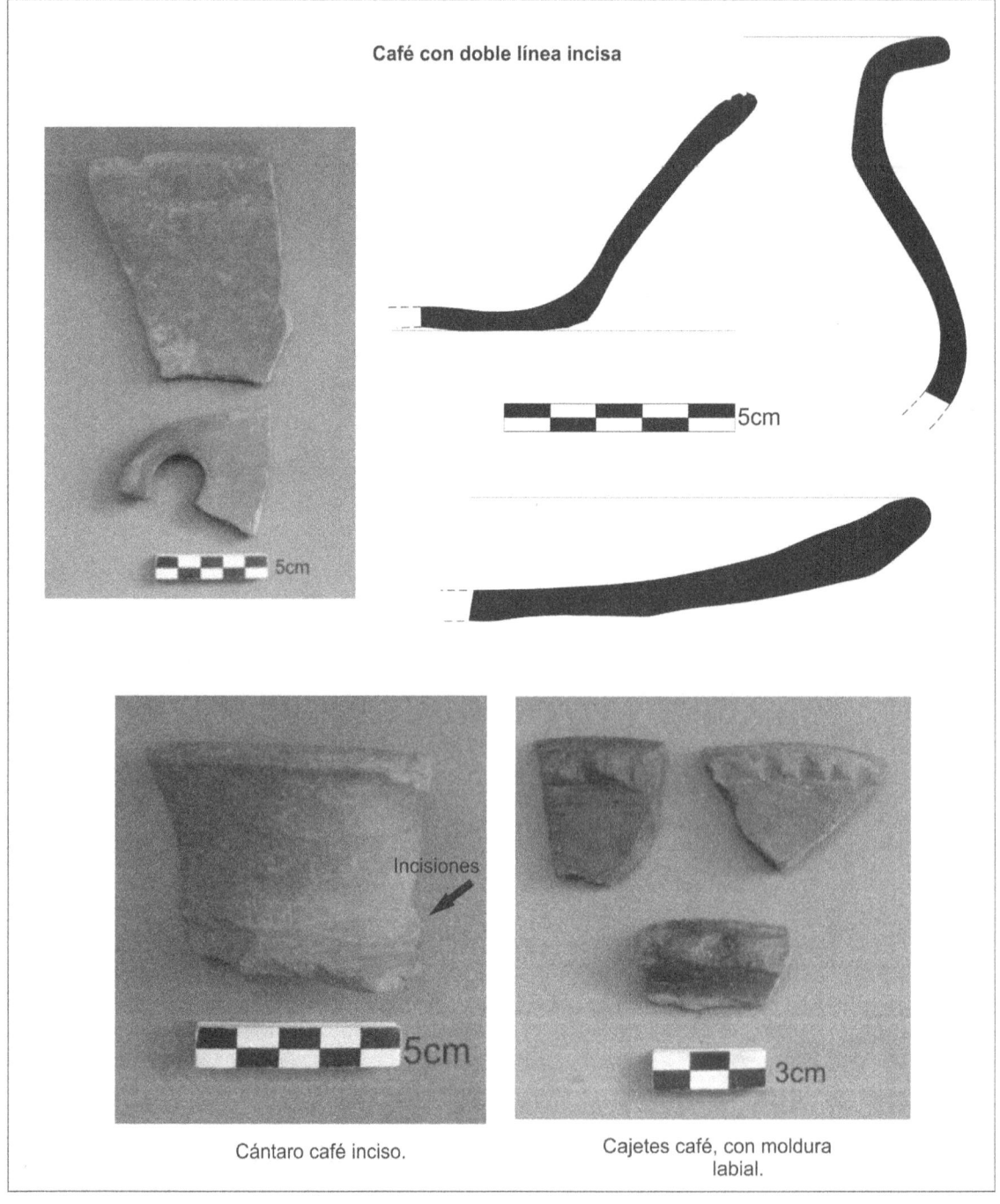

Figura 58. Cerámica de Pasta Café que corresponde con el Tipo Alicia (realizada por Laura de J. Freyre Valencia).

Grupo: Yucuita Red-on-Tan Wares

Tipo: Filemón Variety

Pasta: este tipo es muy parecido a Mariana Variety de Yucuita Tan Wares; es de textura fina pero más gruesa y esponjosa, presenta inclusiones de cuarzo y mica (generalmente más pequeñas -de 0.1 cm a 0.2 cm- y menos comunes que en Joselito variety); es visible la técnica de enrollado; el color va de marrón claro a obscuro y gris claro; la laminación no es común y el núcleo se observa más obscuro que el cortex. La superficie presenta manchas obscuras y una coloración irregular.

Formas: ollas de cuello ancho, que puede ser largo, mediano y pequeño así como cajetes.

Acabado de superficie y decoración: las superficies internas y externas se encuentran bien alisadas y con recubrimiento, pueden estar o no pulidas. Las estrías son muy evidentes y corren de manera horizontal y vertical; el alisado es evidente al tacto y en apariencia. La superficie externa está recubierta de una pintura mineral de color rojo obscuro aplicada en grandes áreas. En el caso de los cajetes la pintura se localiza al interior, de 1 cm a 4 cm debajo del borde (figuras 60 y 61).

Apéndice 1

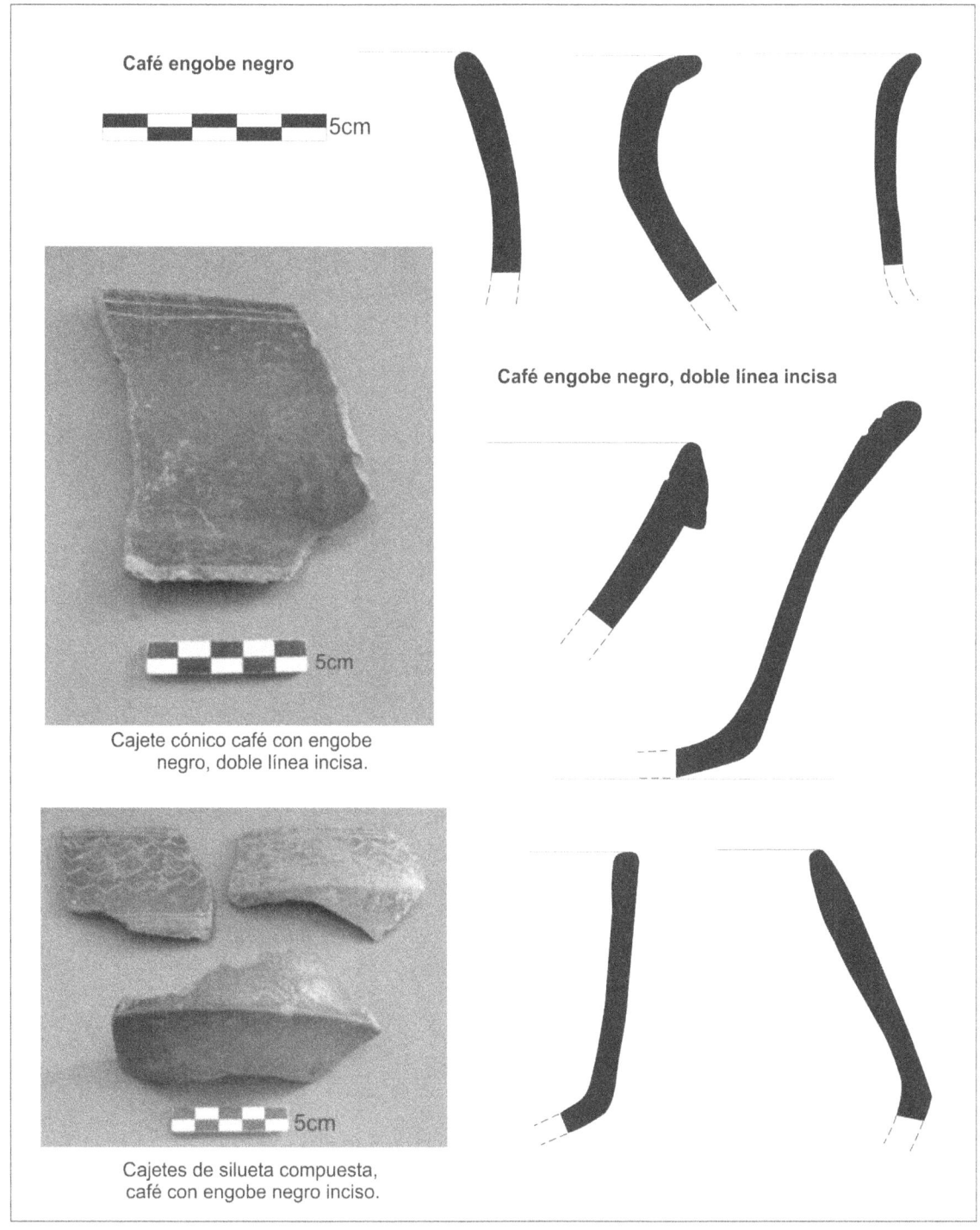

Figura 59. Cerámica de Pasta Café con engobe negro que corresponde con el Tipo Alicia o Negro Pulido (realizada por Laura de J. Freyre Valencia).

Temporalidad: es un tipo dominante de la fase Cruz, particularmente de la segunda mitad y continúa en abundancia dentro de la fase Ramos (1972:60).

Grupo: Tan Wares

Tipo: Café con grafito

Una variante del grupo Tan Wares es la cerámica de pasta café con decoración de grafito:

Pasta: es arenosa, con un espesor que varía de delgado a medio; presenta como desgrasantes arena cuarzosa y caliza. Su color va del café claro al café rojizo.

Formas: cajetes cónicos y semiesféricos, algunos con bordes evertidos y ollas pequeñas.

Acabado de superficie y decoración: el grafito puede presentarse cubriendo completamente el interior o exterior del cuerpo, a manera de bandas rectas horizontales y en

Figura 60. Cerámica de Pasta Café con engobe rojo e incisa que corresponde con el Tipo Filemón (realizada por Laura de J. Freyre Valencia).

diferentes direcciones, algunas presentaron decoración incisa de líneas rectas formando figuras geométricas y líneas en zig-zag verticales y horizontales.

Temporalidad: este tipo es muy semejante a la cerámica descrita para el Valle del río Verde en la Costa de Oaxaca que se ubica para las fases Charco (500-400 a.C.), Minizundo (400-100 a.C.) y Miniyua (100 a.C.-100 d.C.) (Joyce, Winter, et al. 1998:20 y 31), que corresponden con las fases Cruz Tardío y Ramos para la Mixteca Alta.

Grupo: Jazmin Red and White Wares

Tipos: Carlitos Two Tone y Reyes White

Pasta: ambos tipos son relativamente duros y tienen una textura media; son muy arenosos y presentan una coloración de ladrillo, naranja, café anaranjado y café obscuro; tienen inclusiones relativamente grandes de cuarzo, cuarcita y basalto. La cocción parece haber sido inconsistente sin embargo algunos muestran un color uniforme y otros un cortex claro o café obscuro con el centro negro.

Apéndice 1

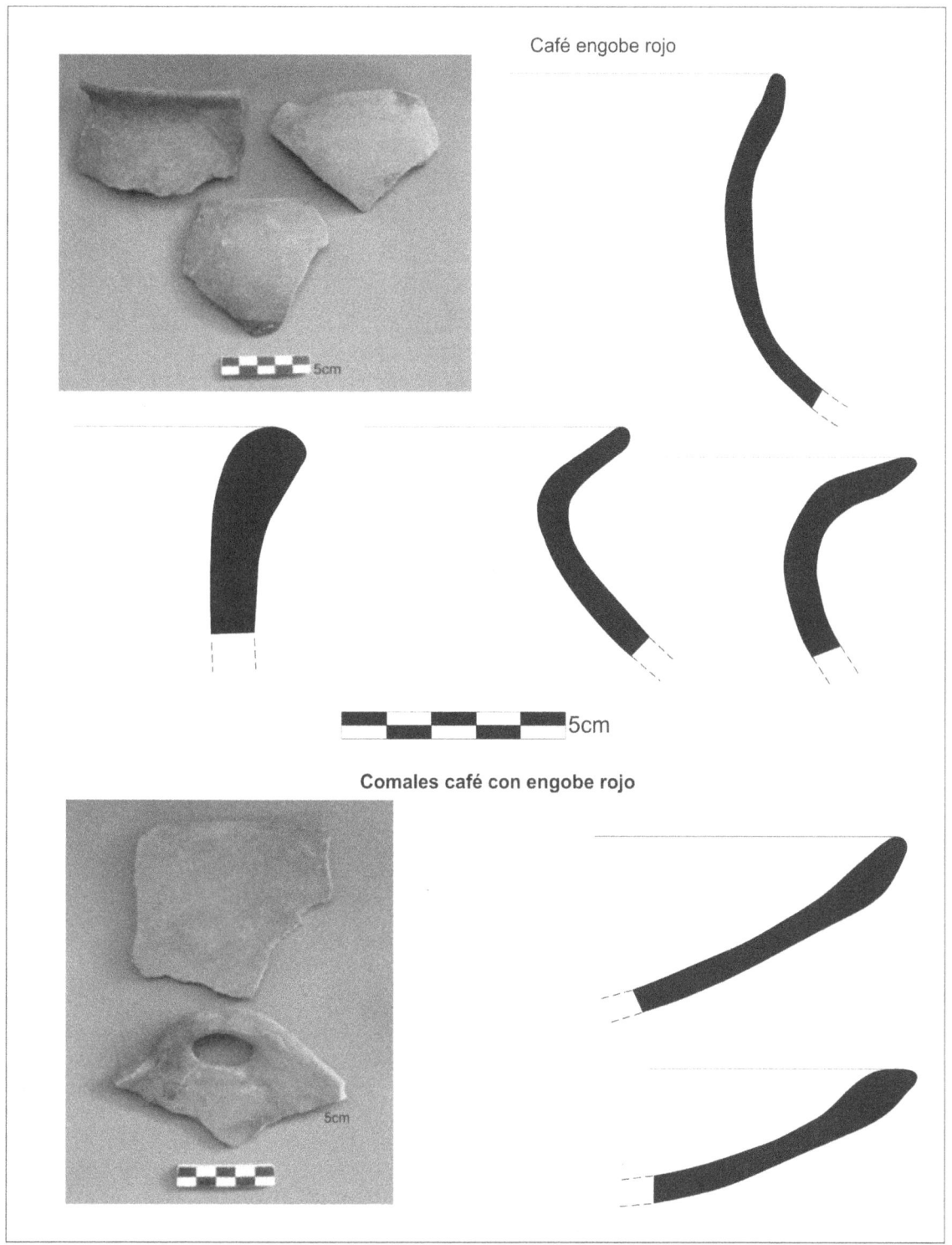

Figura 61. Cerámica de Pasta Café con engobe rojo que corresponde con el Tipo Filemón (realizada por Laura de J. Freyre Valencia).

Acabado de superficie y decoración: el tipo Carlitos Two Tone es pintado de color rojo al interior y al exterio, después se le aplica un color blanco a gris-blanco o amarillo-blanco sobre el recubrimiento rojo de la superficie interior y/o exterior, dejando expuesto el color rojo en el borde o en una de sus superficies. Tiene combinaciones de 2, 3 o 4 líneas paralelas, onduladas o dentadas que son incisas a lo largo del borde interior.

El tipo Reyes White es cubierto en su totalidad o al interior o exterior y/o sobre el borde. Presenta 2, 3, 4 o 5 líneas paralelas rectas o incisiones discontinuas que son aplicadas al interior del borde (figura 62).

Temporalidad: pertenece a la fase Cruz (Spores 1972:50 y 51).

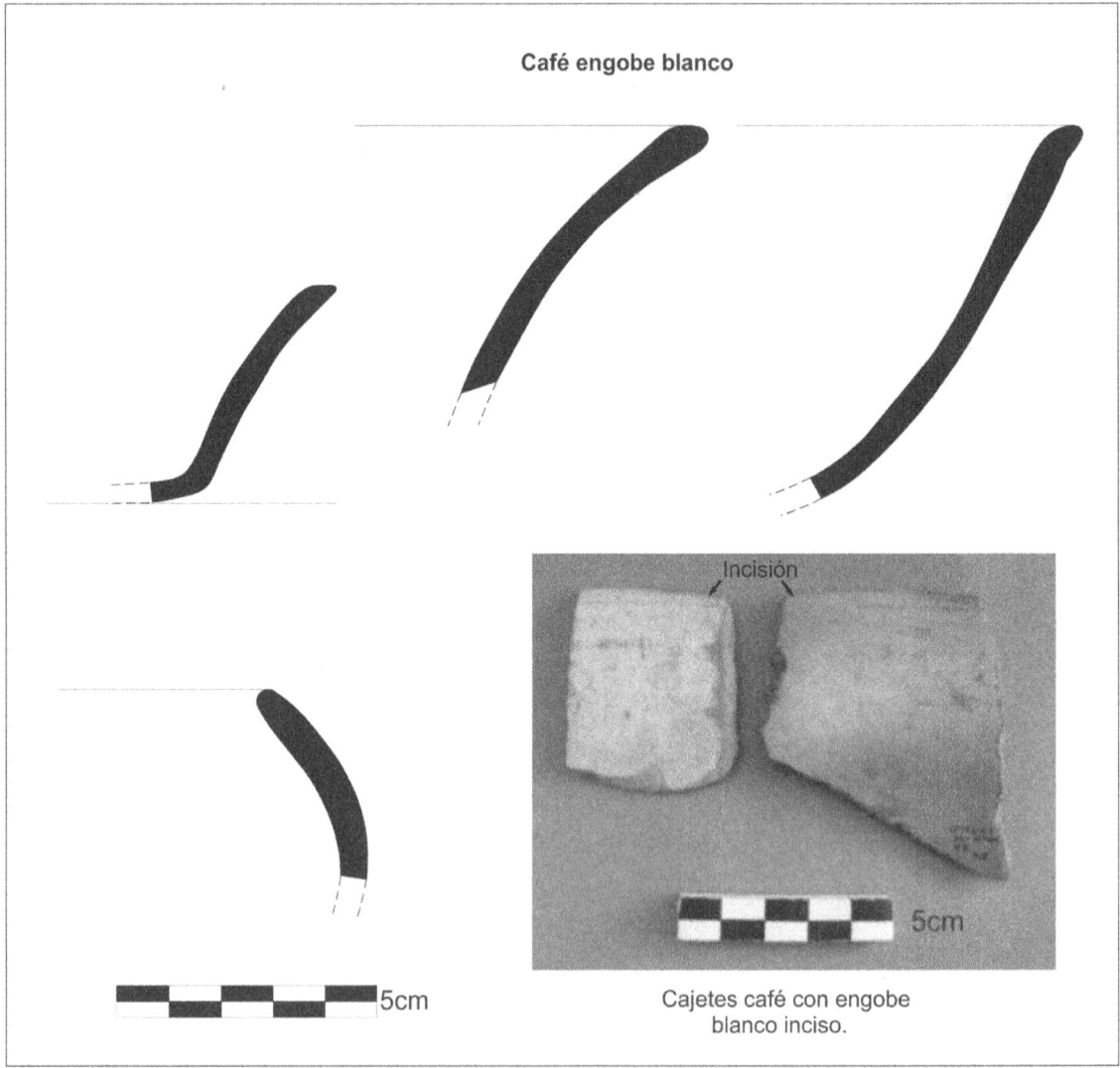

Figura 62. Cerámica de Pasta Café con engobe blanco e incisa que corresponde con el Tipo Reyes White (realizada por Laura de J. Freyre Valencia).

Formas encontradas en el sitio: cajete cónico simple sin decoración y cajete cónico con doble línea incisa bajo el borde interior. Estos tipos corresponden con el Blanco Pulido y el subtipo Rojo sobre Blanco Pulido de Huamelulpan (Gaxiola Gonzáles 1984:28).

Grupo: Etlatongo Buff Wares

Tipo: Pedro Plain Variety y Gildardo Lustrous Red Variety

Pasta: es de textura muy fina, con una composición bien compacta y es relativamente dura.

Acabado de superficie y decoración: están bien alisados, las superficies son de color marrón claro a marrón y frecuentemente presentan manchas obscuras.

La variedad Gildardo Lustrous Red tiene pintura roja especular que se aplica en los bordes o en la superficie exterior (figura 63).

Temporalidad: pertenecen a la fase Cruz (Spores 1972:62).

Formas encontradas en el sitio: cajetes cónicos de gran tamaño y cajetes semiesféricos de borde redondeado o ligeramente plano. Este material corresponde con la variedad Gildardo Lustrous Red que para el área de Huamelulpan se identifica como subtipo Rojo sobre Crema (Gaxiola Gonzáles 1984:27).

Grupo: Nochixtlan Gray Wares

Tipo: Juanito Fine Gray

Pasta: la textura no es muy fina ni homogénea pero si muy compacta, ocasionalmente presenta textura ligeramente arenosa; el color va de claro a gris obscuro; generalmente el cortex es más claro que el centro aunque algunas veces es uniforme y no presenta laminación. Esta vajilla es muy similar en composición al tipo Yanhuitlan Fine Cream Wares pero cambia en color y formas.

Apéndice 1

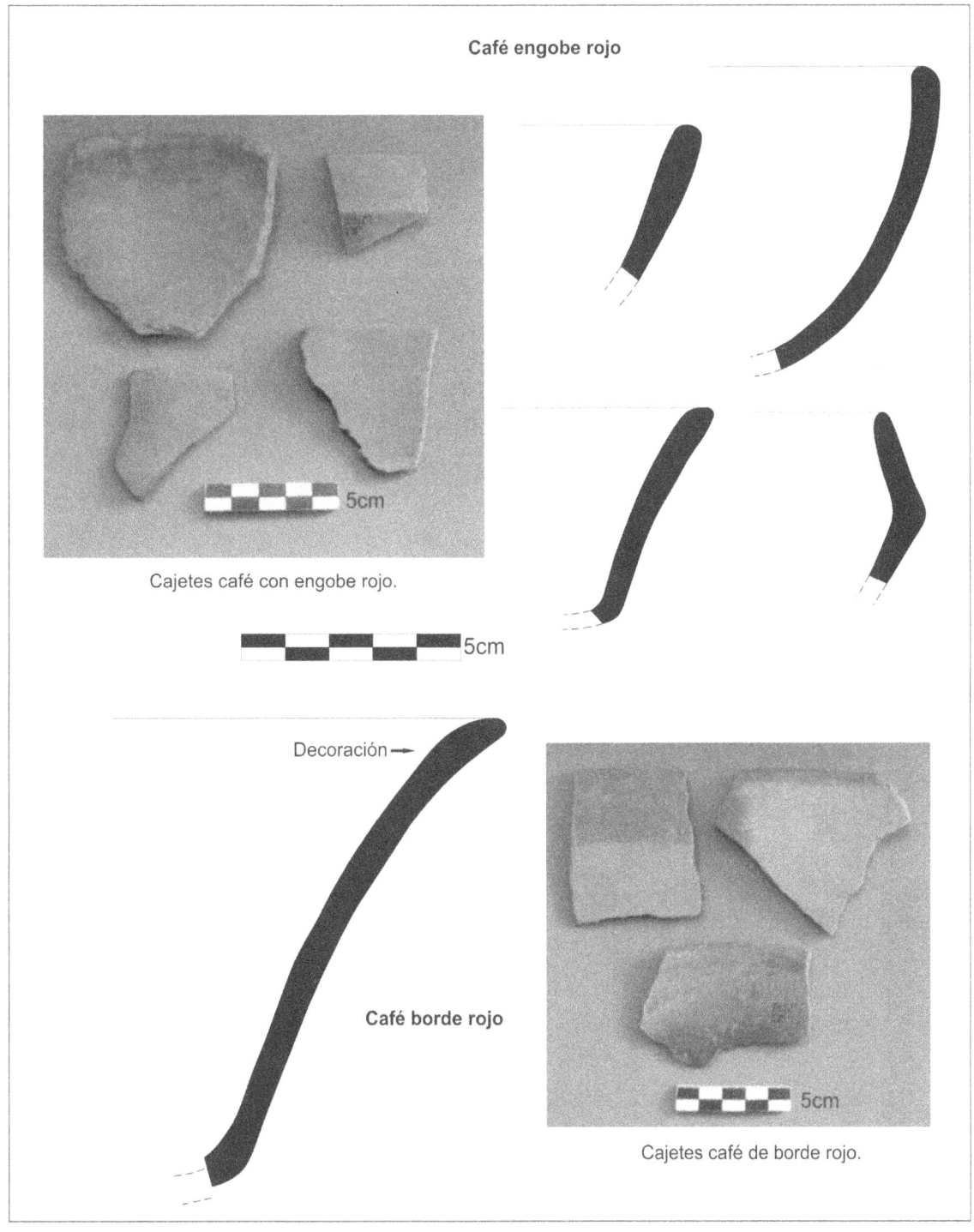

Figura 63. Cerámica de Pasta Café con engobe rojo que corresponde con el Tipo Gildardo Lustrous (realizada por Laura de J. Freyre Valencia).

Formas: se encuentran cajetes de fondo plano y paredes rectas con bordes evertidos así como cajetes hemisféricos y subhemisféicos, copas cilíndricas, ollas pequeñas, cajetes cónicos y jarras con tres asas.

Acabado de superficie y decoración: las superficies son bien alisadas y frecuentemente pulidas y/o cubiertas con un baño más obscuro que la pasta base, algunas veces tiene una textura jabonosa. Las superficies sin acabado son regularmente polvosas y ligeramente rugosas al tacto.

Temporalidad: este tipo va desde la fase Cruz hasta la fase Convento, aunque es dominante o codominante de la fase Flores (Spores 1972:39-43). Este tipo corresponde con el Gris Pulido identificado para Huamelulpan (Gaxiola Gonzáles 1984:29).

Grupo: Nochixtlan Gray Wares

Tipo: Juanito Decorated Fine Gray

Pasta: es la misma que para el tipo Juanito Fine Gray.

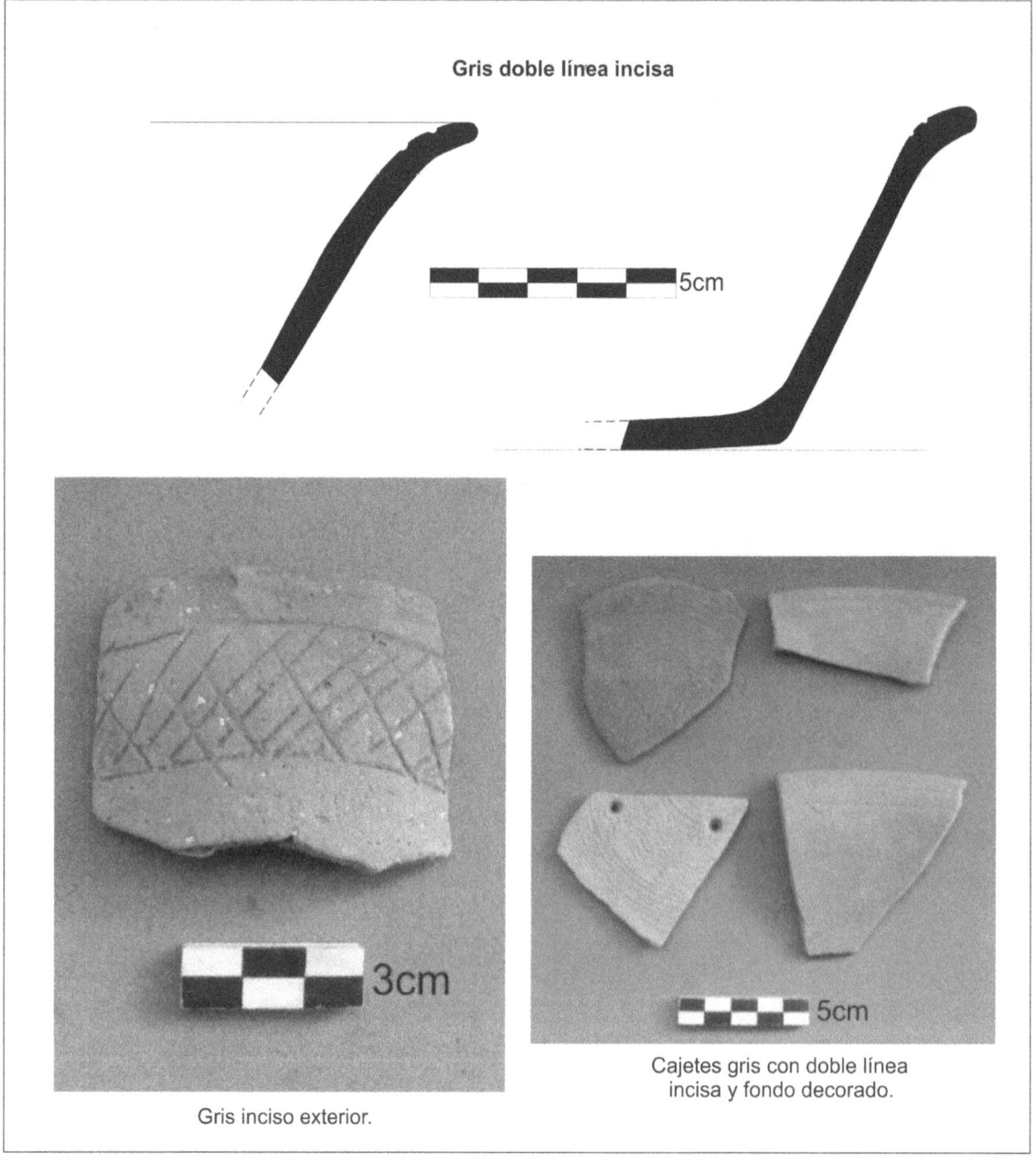

Figura 64. Cerámica de Pasta Gris incisa que corresponde con el Tipo Juanito Decorated Fine Gray (realizada por Laura de J. Freyre Valencia).

Formas: se encuentran cajetes cónicos de fondo plano, cajetes cilíndricos, hemisféricos y sub-hemisféricos y platos.

Acabado de superficie y decoración: los elementos decorativos son diversos en términos de motivos individuales y combinaciones. La línea fina incisa es la más común aunque también se observan diseños acanalados, marcas de pulido y zonas con tonalidades así como punzonados. La decoración que generalmente se localiza en las paredes y bordes, puede ser con una línea recta, líneas paralelas, onduladas, dentadas, punzonadas y en zigzag; pueden encontrarse de forma vertical, horizontal o combinada. Otros elementos decorativos son líneas discontinuas, achurado, líneas en cruz, círculos, elipses, triángulos, tonalidades de claro a obscuro y marcas de pulido. Todos ellos surgen al inicio de la fase Cruz, aumentando para la etapa tardía de la misma fase (figura 64).

Durante la fase Ramos, las combinaciones de incisión, punzonado y achurado aparecen en forma concéntrica sobre los fondos planos de los cajetes; los fondos incisos generalmente aparecen con doble línea incisa o con bordes acanalados; estos diseños son característicos de la fase Ramos ya que muchas de las técnicas decorativas descritas para las fase Cruz desaparecen.

Para la fase Flores, la decoración consiste en líneas anchas excisas, relieves geométricos y curvilíneos, achurados, líneas cruzadas en el exterior de los cajetes y algunas veces se aplican elementos zoomorfos o florales.

Temporalidad: este tipo se encuentra desde la fase Cruz hasta la fase Natividad pero su tipo de decoración la hace distintiva para cada época (Spores 1972:43-45).

Este tipo cerámico corresponde con el Gris Pulido variedad cajetes cónicos identificados para Huamelulpan (Gaxiola Gonzáles 1984:30).

Grupo de Pasta Amarilla

La pasta es generalmente amarilla aunque en ocasiones se presenta en tonos naranja, cuando es amarilla es compacta y cuando es naranja es más porosa. La textura va de media a fina, contiene partículas de mica y caliza.

Tipo: Amarillo Pulido

Acabado de superficie: no presenta engobe y es pulida en ambas superficies excepto en las ollas, cuando la pasta es porosa el pulido se encuentra muy erosionado y en los cajetes se presenta un pulido lustroso. El color varía de amarillo naranja a amarillo claro.

Formas: cajetes cónicos, cajetes cónicos con una línea incisa, cajetes cónicos con exterior raspado, bordes decorados misceláneos, fondos planos incisos, cajetes cilíndricos incisos, cajetes semiesféricos, ollas, ollas globulares, braseros.

Temporalidad: pertenece al periodo HII (Gaxiola Gonzáles 1984:33-35).

www.ingramcontent.com/pod-product-compliance
Lightning Source LLC
Chambersburg PA
CBHW041707290426
44108CB00027B/2885